方寸之间的家国情怀

中共广州市委党史文献研究室 编

中山大学出版社
·广州·

版权所有 翻印必究

图书在版编目（CIP）数据

方寸之间的家国情怀/中共广州市委党史文献研究室编. —广州：中山大学出版社，2022.4

ISBN 978-7-306-07384-6

Ⅰ. ①方… Ⅱ. ①中… Ⅲ. ①邮品—介绍—世界 Ⅳ. ①G262.2

中国版本图书馆 CIP 数据核字（2021）第 257736 号

Fangcun Zhijian De Jiaguo Qinghuai

出 版 人：	王天琪
策划编辑：	刘吕乐　王延红
责任编辑：	王延红
封面设计：	林绵华
封面摄影：	刘吕乐
责任校对：	张陈卉子　高　洵
责任技编：	靳晓虹
出版发行：	中山大学出版社
电　　话：	编辑部 020 - 84111946，84113349，84111997，84110779
	发行部 020 - 84111998，84111981，84111160
地　　址：	广州市新港西路 135 号
邮　　编：	510275　　传　真：020 - 84036565
网　　址：	http://www.zsup.com.cn　　E-mail：zdcbs@mail.sysu.edu.cn
印 刷 者：	广州一龙印刷有限公司
规　　格：	787mm × 1092mm　1/16　28 印张　460 千字
版次印次：	2022 年 4 月第 1 版　2022 年 4 月第 1 次印刷
定　　价：	128.00 元

如发现本书因印装质量影响阅读，请与出版社发行部联系调换

目 录

开 篇 语

方寸世界的奥秘（代序）／3
我的方寸世界／4
"儿女"安家记／10
方寸之间彰显浓厚的乡土情怀／13

第一篇　清代邮票

清代普通邮票／19
清代纪念邮票／33
清代欠资邮票／36
西藏贴用邮票／38
清代商埠邮票／40
清代实寄封、明信片、邮戳及其他／52
清代珍邮欣赏／67
再版慈禧寿辰纪念邮票探讨／75
清代慈禧寿辰邮票和加盖改值邮票再探／83
清代国家邮政发行的第一套普通邮票：蟠龙邮票／91
大龙邮票面值设定与数字文字的演变／96
勿忘国耻
　　——谈西方强权在中国开设的书信馆和商埠邮局／109

第二篇　民国邮票

民国普通邮票／117
民国纪念邮票／161

民国特种邮票和附捐邮票／175
民国欠资邮票／179
民国航空邮票
　　——如何分辨几个版本／184
民国珍邮欣赏／191
帆船邮票
　　——首印国家铭记的民国邮票／197
细说民国孙中山像普通邮票／203
西北科学考查团纪念邮票／225
　　附：民国西北考察始末／230
一枚难得一见的实寄封
　　——美国总统罗斯福的集邮故事／233
从20元到500万、从半分到20万
　　——从邮资看民国的币制变迁／237
香港中华版、大东版孙中山像普通邮票印样／239

第三篇　穗邮纵览

双塔旧影／245
民国时期广东邮政的枢纽中心
　　——广东邮务管理局遗址由来／248
粤剧邮票：展示传承粤剧艺术／254
趣说"广州解放纪念"邮票／263
新中国发行的各种广州题材的邮票／269
邮说"广交会"／283
广州地铁与邮票／297

第四篇　港澳地区邮票

香港回归前的维多利亚女王头像普通邮票
　　——从"咸菜王"的故事说起／309

如何鉴别香港回归前的几种英王头像普通邮票 / 316
香港回归前的明信片和首日封 / 325
香港印花税票当邮票,最短的只用了10天 / 331
香港和澳门的首航封
——太平洋航空邮路开通纪念 / 333
澳门回归前的普通邮票 / 337
澳门回归前的特色邮品 / 349
澳门回归前的纪念邮票和特别邮票 / 355
一分为二的邮票:澳门对剖邮票 / 378

第五篇　放眼世界

世界首枚邮票
——"黑便士"邮票小传 / 381
　　附:世界集邮简史 / 387
论"红便士"邮票在现代邮政中的地位与作用 / 388
　　附:"红便士"邮票逸事 / 398
国外集邮记 / 406
邮票的异类:错体邮票和变体邮票 / 416
赝品邮票小故事 / 422

附　　录

《广州日报》的报道 / 431
《羊城晚报》、羊城派的报道(节选)/ 435

结　束　语

赤子心,游子情
——代后记 / 441

开篇语

方寸世界的奥秘（代序）

朋友，你喜欢邮票吗？你集邮吗？邮票是一个别有意趣的收藏门类。方寸世界的浩瀚邮海，因其独特的魅力与内涵吸引了一代又一代的集邮爱好者，使他们爱不释手、欲罢不能。据不完全统计，中国有9000万之众的集邮大军。方寸之间，每一枚邮票背后都有一段故事，吸引人去探究其趣味。

邮票是知识与友谊的桥梁，素有"国家名片"和"小型百科全书"之称；邮票还是小型艺术品，使人们在欣赏的过程中获得美的享受，提高艺术修养。

集邮可以陶冶性情，弘扬正气，结交良友；可以集思广益，让人博学多闻，从中获得包罗万象的各种知识；让人超越历史时空，博览世界。

集邮是"王之嗜好"，也可以说是"嗜好之王"。放眼中国集邮圈，各地集邮协会云集了众多集邮大家和学识渊博的前辈，不乏各行各业的专家和精英。而且，邮票设计越来越精美。值得一提的是，中国邮票的内容更加丰富多彩，美不胜收。各种类型的邮展令人目不暇接，吸引观众们流连忘返。精湛的艺术设计、丰富的内容品类、方家的独特见解，折服了众多参观者。

本书所收邮品包括黄绍锵先生向广州市地方志馆捐赠的中国清朝、民国时期的邮票和中国香港、澳门地区的早期邮票，以及广州市集邮协会提供的邮票珍品——它们是中国近代史的缩影，背后有很多典故和难忘的故事。

编者

2021年4月29日

我的方寸世界

把玩着书案上面的邮集,百感交集。几十年的经历浮现眼前。每一枚邮票都是那么熟悉,就像自己的儿女,也像自己栽种的花草树木。这些都是当年我们夫妇花了很多时间和精力收集得来的。每一套邮票,甚至每一枚邮票、每一个信封、每一个邮戳都有一段故事。集邮的乐趣,除了欣赏精美的印刷效果、开阔视野、增长知识外,更多的是可以了解邮票背后的故事。

集邮这项历史悠久的、健康的爱好给无数集邮者带来快乐。邮票除了作为信使之外,更是一种艺术品,小小纸片上承载的是历史和文化。邮票选题内容,涵盖国家政治、经济、科技、文化、风光、民俗等各个方面,既有科学性,又有观赏性。邮票的文化艺术属性,有着不可抗拒的吸引力。集邮作为我的至爱,陪伴着我走过了大半生的旅程。邮票素有"国家名片"之称,因此,每个国家发行邮票,无不尽选本国最优秀、最美好、最具代表性或纪念性的人或事,经过精心设计展现在邮票上。邮票涉及的内容更是方方面面,各行各业应有尽有,使得方寸之间的小小邮票成为包罗万象的博物馆,容纳丰富知识的小百科全书。每当我坐在书桌前,把玩自己的邮集,或者阅览邮票目录与名家著述而欲罢不能时,时间总是飞快地溜了过去。方寸世界里面蕴藏着探索不完的奥秘,集邮是一门永无止境的学问。

然而,自己的爱好或者"发烧"程度却受限于自己与邮票的缘分和经济能力。所以能够在邮票这个浩瀚大海里面航行多远,对集邮这门包罗万象的学问涉猎多深又是另一回事了。

我的方寸世界

笔者黄绍锵的父亲在中国出口商品展览会展馆前

从孩提时代开始，我就通过这些花花绿绿的小纸片来认识世界。是父亲把我带进这个看似平淡无奇，其实博大精深、奥妙无穷的殿堂的。中山大学经济学系毕业的父亲，20世纪50年代到60年代在中国进出口公司广州出口商品交易会工作，他常常从办公室的废纸篓里的信封上剪下一些邮票带回家来给我，铺开世界地图，告诉我邮票来自哪里。那时候，和中国做生意的国家和地区不多，记忆中有印度尼西亚和中国香港、澳门等。我从邮票上认识了英王乔治六世和伊丽莎白二世、印尼总统苏加诺等名人。偶尔碰到印有名胜古迹、奇花异草的邮票，我就如获至宝。记得有一枚粉红色的丹麦女子跳芭蕾舞的邮票，当时是很稀罕的——我用玻璃纸包裹珍藏，它成为我当时邮集中的"镇山之宝"。邮友争相传阅，有人甚至想用几套邮票交换。我经常在广州市东山龟岗路的一家小邮商的小档口流连忘返，逢新邮票必集，母亲给的零用钱，我也多花在邮票上。渐渐地，我的收藏便丰富

方寸之间的家国情怀

起来。我把它们分门别类，插满了几本邮册。我姐在北京读大学，也大力支持我集邮。她用省下来的零用钱订购一套又一套纪念邮票、特种邮票寄给我。

少年时代的我，喜欢拆卸和研究钟表，后来竟发现邮票中也有令人叹为观止的擒纵结构。

英国航海哈里森天文钟纪念邮票

中学毕业之后，我到工厂工作，因为忙于工作，加上1977年考上大学，就中断了集邮爱好。

到美国之后，我曾经在中西部大平原的艾奥瓦州生活了24年，这里是民风淳朴的农业州。最初我在餐馆工作，那时候没有网可上，下了班后除了看看书报，没有什么嗜好和消遣方式。餐馆隔壁有一家邮品店。一位同事很有文化，是个集邮发烧友，偶尔带我去看看。不知不觉间，竟激发了我重拾儿时兴趣的想法。

英属邮票带我环游世界

艾奥瓦州附近的城市和小镇，一些邮商不定期举办邮展，出售邮票。展品大多数是美国、英国、法国或德国等国邮票。一开始我收集的范围很广，没有重点，只要喜欢就买。收集的题材也多，有风土民俗、花卉、动物和艺术品等。邮商告诫我："哪有像你这样集邮的？你就算穷尽毕生精力和财力，能收集多少？"我听了之后，恍然大悟。在邮展上，竟然发现有少数不知经历多少年代、通过集邮者辗转流落到邮商手里的中国早期的邮票，这使我大开眼界。我的目光慢慢

方寸之间的家国情怀

穿越时空的、展现几千年前地中海文明的希腊和埃及邮票

集中到这些老祖宗留下来的珍品上，开始对中国清代和民国初年的邮票格外青睐。这个兴趣逐渐发展到废寝忘食的地步。打听到哪里有邮商或邮展，我和太太就开车去"寻宝"。

邮票虽小，但有的价值却不菲，我们唯有节衣缩食才能满足兴趣。我们夫妇利用每周只有一天的休息日，带一壶水、一条面包，一大早起程，开几小时车前往。有时甚至为了赶早，连夜出发，舍不得花钱投宿，就在车上过夜。每次行程，总至倾囊才回家。有一次，买到连邮商都不好意思，劝太太说："您现在该制止他了（You should stop him now）。"有时为了集齐一套邮票，需要不惜代价，去拍卖会或者在义卖活动中一枚一枚地求得。

功夫不负有心人。当我们从第二故乡艾奥瓦州搬到波士顿的时候,发现我们已经连续性地收集到大多数的中国清代和民国邮票。当然,以我们的经济能力,不可能将所有的清代和民国邮票收集齐全。因为当中有一些价值连城,甚至有的是有钱都求不到的。工作、学习之余,欣赏邮集成了我们最大的享受。我们也想到了,这些来之不易的宝贝不能永远拥有。收集起来难,一旦散失了就难以再团圆。于是,我们决心安顿下来以后,把有关中国的邮集捐献出来,让它们回到自己的故乡。

邮商来我们家中做客

(文/黄绍锵)

"儿女"安家记

我和太太来自广州市，30多年前，我们怀着一颗赤子之心远渡重洋。在几十年海外生涯当中，我们全家曾经在美国中部大平原民风淳朴的艾奥瓦州生活了20多年，机缘巧合使我有机会重拾儿时的爱好。集邮的兴趣，陪伴我度过了工余、学余时光，使我增长了知识，陶冶了性情。由于当地收集中国邮票的人不多，我们有缘遇到了不少辗转流落他乡的中国早期邮票，而且价钱不算贵。这些100多年前的老祖宗留下的东西虽小，却是珍贵的文物。小小的方寸世界，是我们中国近代史的缩影。它们可以让我们穿越时空，了解中国过去的历史，珍惜今天祖国繁荣昌盛的幸福生活。我们夫妇发自内心要尽我们的绵薄之力收集、珍藏它们。

时光飞逝，转眼间几十年过去了。我们收藏了世界上第一枚"黑便士"邮票；中国清代、民国邮票中的大多数；中国的香港、澳门地区从首发邮票开始的老邮票到20世纪90年代邮票中的大多数；中国台湾地区备受炎黄子孙欢迎的，弘扬中华文化的古画、书法、古物等中国传统文化、台湾风光等系列邮票。这些邮票是我们花费了不少时间和精力一套一套、一枚一枚地从美国中西部的各个城镇的邮展上或通过邮购收集来的，有些难得一见的邮品是从拍卖会上竞拍求得的。对于每一枚都来之不易的收藏品，我们都非常珍惜，把它们视为"儿女"。工作、学习之余，欣赏邮集成了我们最大的享受。但是我们想到，这些来之不易的宝贝不能永远拥有。收集起来难，如果不妥善处理，湮没起来却非常容易，"儿女"们一旦分开了就难以再团圆。我们决心退休之后带它们回家落叶归根,作为对生我养我的祖国母亲力所能及的一点点回报。

我在广州生活了30多年,是一个地道的广州人。我们在选择捐赠地点的时候,在互联网上通过网友认识了广州市地方志馆。令我们难忘的是,当我们第一次到地方志馆谈及捐赠时,得到黄小晶主任的热情接待。她亲自会面洽谈,表达对这批中华文化瑰宝的重视,希望我们的捐赠能成为他们的"镇馆之宝"。广州市地方志馆承载过去,展示现在,寄托未来,是展现广州城市发展历史的平台。展览馆里面的每一件展品都能激发游子对故乡的深切怀念之情,是无数漂泊在外的旅人寄托乡愁的精神归宿。所以,我们认为广州市地方志馆是我们的收藏品安家地点的最佳选择。2018年、2019年,我们夫妇将珍藏多年的共3777件[①]中国邮品分两批无偿捐赠给我的故乡——广州市,给我们视为"儿女"的收藏品找到了一个永久的家。感恩广州地方志馆的各级领导和每一位热情好客、非常专业的工作人员,感谢他们接受了我们的捐赠。全国集邮协会专家孙海平教授对每一枚邮票都做出了细心鉴定,邮品由国家珍藏入册,颁发正品证书和入藏证书。广州地方志馆特意请专业的布展公司为我们捐赠的邮品制作了精美的展示装置并开设了一个特藏室。它是全国第一个由地方志部门与公安部门联合建设的24小时视频监控及红外感应展区,每一枚邮票都在恒温、低湿度的环境下得到了最佳的保护。

期待故乡的朋友们能够喜爱邮票这种方寸艺术,并希望小小的方寸世界能够成为传播、传承祖国传统文化的窗口。

这些邮票在特藏室展出后,受到了广东省、广州市的集邮爱好者的欢迎和重视,并且吸引了很多中小学生、社区和各行各业的观众。广州地方志馆一直与社会各界凝心聚力,共同秉持"捐赠、守护、传承"的精神,正在紧锣密鼓地组织编写邮票背后的故事集,通过社会各界参与互动,发动集邮爱好者都来讲方寸世界背后的故事,让更多的公众关注、参与对优秀传统文化的保护和发扬,以进一步提升

---

① 此数据为出版前向捐赠者本人核实过的数据。媒体报道与此有出入。

> 方寸之间的家国情怀

和丰富广州市地方志馆馆藏资源，使它们为广州文化的更大发展发挥应有的作用。我们老两口多年以来的心愿终于实现了，对故乡微不足道的捐献，得到了祖国母亲的认可，我们感到无限的欣慰。"儿女"们能够在我们魂牵梦绕的美丽故乡广州永久团聚，以飨父老乡亲，就是对我们毕生集邮爱好最理想、最丰厚的回报。此生还有什么遗憾呢！

（文／黄绍锵）

方寸之间彰显浓厚的乡土情怀[①]

2020年9月25日上午,广州市人民政府新闻办公室在市地方志馆举办了"老城市 新活力"系列展区开放暨受赠邮品仪式新闻发布会。

中国地方志指导小组办公室党组书记高京斋为黄绍锵先生颁发荣誉证书

中国地方志指导小组办公室党组书记高京斋,广东省地方志办公

[①] 本文原载2020年10月13日《中国集邮报》第74期第二版,原标题为《毕生珍藏3675件邮品,无偿捐赠给故乡广州》。本次选入有增删。

方寸之间的家国情怀

室主任陈华康，中共广州市委统战部副部长、广州市侨办主任冯广俊，中共广州市委党史文献研究室（广州市地方志办公室）主任黄小晶，广州市集邮协会副会长区锡文等领导及美籍华人黄添[①]等出席了发布会，中共广州市委宣传部外宣与新闻发布处处长龚艳华主持新闻发布会。

2019年，经广州市人民政府地方志办公室、广东省人民政府地方志办公室推荐，黄绍锵先生被评为"全国社会力量参与地方志工作先进典型"，中国地方志指导小组办公室党组书记高京斋在发布会现场为其颁发荣誉证书。黄绍锵先生倾其所有的捐赠行为令人钦佩，方寸之间彰显浓厚的乡土情怀，令人感动。这既是黄先生念祖国、爱家乡之情的生动写照，又是方志馆知古鉴今功能的集中体现。

黄先生是地道的广州人，后来移居美国。他在辛苦工作之余，热爱集邮，虽不富裕，却省吃俭用，竭尽所能收集、整理以中国元素为主的珍贵邮品，以此寄托自己对祖国的思念、对故乡的怀念之情。黄先生说，邮票就像他们夫妇的"儿女"，他们一直想为"儿女"找一个家，而"千好万好，不如家乡广州好"。于是，他们选择了广州，选择了广州市地方志馆。

黄先生于2018年和2019年先后两次向方志馆无偿捐赠毕生珍藏的中国邮品。广州市地方志馆为这些邮票设置了特藏室。

据黄先生回忆，自己受中山大学经济系毕业、在广交会工作的父亲的影响，从7岁开始对邮票产生兴趣。几十年来，他在异国他乡先后收藏了"中华第一邮"大龙邮票、中国第一套纪念邮票——慈禧寿辰纪念邮票等晚清、民国时期的珍贵邮票。

邮票素有"国家名片"之称，具有极高的收藏价值、历史价值和艺术价值。黄先生捐赠的邮品中，清末以来的香港地区邮品790件、澳门地区邮品463件、台湾地区邮品995件。还有许多其他具有纪念意义的邮品。1997年7月1日，经历了百年沧桑的香港回归祖国。很多国家和地区在这一年发行了有关香港'97亚洲国际邮票展览

---

① 即黄绍锵。

方寸之间彰显浓厚的乡土情怀

会和回归纪念的专题邮票和小型张。

据黄先生介绍，他捐赠的邮票中还有澳门地区发行的第一套邮票。澳门是世界上较早开办邮政的地区之一。早在1798年，葡萄牙王后曾颁令在全国及其海外占领地开办邮务。1825年开始在葡萄牙首都里斯本试办澳门航海邮政，并于1845年在澳门设立"邮政执行处"。在澳门邮票诞生前，澳门航海邮政及其他私营邮政（大多为英国人经营）使用过许多形状各异的戳记，为澳门邮政史留下了记录。目前发现这种邮戳最早的使用年代是1844年。1869年6月，澳门与香港达成协议，由香港在澳门设立"海邮"（sea mail）。澳门总督颁令，任命葡萄牙人利加度·苏沙为澳门航海邮政总监。但由于交通不便，故未能将邮务快速开展起来。1878年，澳门加入万国邮政联盟。1884年2月27日，当时的总督托马斯·罗沙宣布于当年3月1日发行澳门第一套邮票。将这些殖民统治时期的邮票收录其中是由于看重其历史价值，绝不代表我们认可殖民主义。读者当能理解、分辨。

笔者参观了黄先生所捐赠的邮品展。这些邮品不仅数量大，且非常珍贵。它们包含了中国清代以来的大多数邮品和其他国家的部分珍贵邮品，涵盖邮票、明信片、实寄封、小全张等，例如1840年在英国诞生的世界上第一枚"黑便士"邮票、1840年鸦片战争后清朝政府所开放的重要商埠的邮票、1878年清朝政府海关试办邮政首次发行的中国第一套"大龙邮票"、1878—1896年总税务司兼办发行的海关邮政邮票、1897—1911年的清代国家邮政邮票、1912—1949年间的民国邮票，还有清代香港发行的绘有广州城景鸟瞰图的明信片、中国第一枚错版邮票、清代慈禧寿辰纪念邮票等。

黄先生表示，地方志馆承载过去、展示现在、寄托未来，不仅是展现城市发展历史的平台，也是无数漂泊在外的旅人寄托乡愁的精神归宿。他将收藏的邮品捐赠给广州市地方志馆，是希望给他的"儿女们"找一个永久的家，让它们能落叶归根。他期待故乡的朋友们能够喜爱邮票这种方寸艺术，并希望小小的方寸世界能够成为一个传播和传承祖国传统文化的窗口。

（文／王庆举）

第一篇 清代邮票

清代邮票指清代海关试办邮政和国家邮政发行的邮票。从1878年发行第一套邮票大龙邮票起至1911年辛亥革命前为止，清政府先后以"大清邮政局""大清国邮政局""大清国邮政"和"大清邮政"等铭记，共发行普通邮票、纪念邮票、欠资邮票、快信邮票以及加盖改值邮票、限西藏贴用邮票共计31套175枚。

1878—1896年，清代国家邮政尚未建立，邮票发行由海关总税务司兼办。此时期的邮票为海关试办邮政邮票，包括大龙邮票和慈禧寿辰纪念邮票。

1896—1911年为清代国家邮政时期。邮资单位由银两改为银元。在筹印新的邮票的同时，将库存小龙、万寿纪念邮票及红色印花税票加盖暂作洋银面值。

清代普通邮票

一、大龙邮票——中华第一邮

1878年清朝政府在北京、天津、上海、烟台和牛庄（营口）五处设立邮政机构，附属于海关。是年7月24日至8月1日间，海关总税务司署驻上海的海关造册处发行中国第一套邮票——大龙邮票。主图是清皇室的象征——蟠龙。这套中华第一邮，集邮界习惯称之为"海关大龙邮票"，简称"大龙邮票"。分为薄纸（葱皮纸）、阔边和厚纸三种，以阔边最为难得。其中厚纸又分为光齿和毛齿两种。全套大龙邮票一共三枚，分为1分银、3分银、5分银三种面值。图案正中绘一条五爪蟠龙，衬以云彩水浪。大龙双目圆睁，腾云驾雾，呼之欲出。

普1　大龙邮票——中国第一套普通邮票（大全套）

普1.1　1—3号为大龙薄纸（葱皮纸，全套，1878年）　　3号变体，深绿色

方寸之间的家国情怀

普1.2　4—6号为大龙阔边（全套，1882年）　　　6号变体，H字

普1.3　7—9号为大龙厚纸光齿（全套，1883年）

普1.4　7b、8a、9a号为大龙厚纸毛齿（全套，1883年）

清代普通邮票

二、小龙邮票——中国第一套有水印的邮票

大龙邮票自1878年发行之后，先后印制过三次，有些印模已经磨损得很厉害，不能再用，而这时邮政业务比海关邮政建立初期有所发展，需用邮票的数量增加，有必要重新制作一套新的印模印制邮票。

新设计的邮票图案与大龙邮票基本相同，仍为"神龙戏珠"，细部稍有改动，图幅缩小为19.5×22.5毫米，是为了配合从英国定制的有水印纸张。这次邮票与上次邮票都是以龙为图案，只是图幅略小，通称"海关小龙"，简称小龙邮票。小龙邮票和大龙邮票的图案布局虽大体相仿，但亦有区别。大龙邮票中心云龙图三种面值各不相同，但小龙邮票则三种面值都采用同一个母模。

小龙邮票是中国发行的第一套有水印邮票。在邮票用纸中，是按每枚邮票一个太极图水印设计的，但是这种纸两面相同，印制时任何一面都可以上版印制，造成有正水印、倒水印、反水印或反倒水印等。

普2 小龙邮票——中国第二套普通邮票（大全套）

普2.1 10—12号为小龙毛齿　　　　　　　　太极图水印放大图
（全套，1885年，太极图水印）

方寸之间的家国情怀

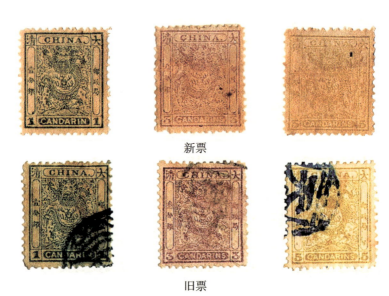

新票

旧票

普2.2 13—15号为小龙光齿（全套，1888年，太极图水印，新、旧票各一套）

三、慈禧寿辰加盖邮票

1896年3月20日，光绪皇帝批准开办大清邮政官局，中国近代邮政由此产生。1896—1911年为清代国家邮政时期，邮资单位由银两改为银元。在筹印新的邮票的同时，将库存小龙、慈禧六十寿辰纪念邮票及红色印花税票加盖暂作洋银面值。

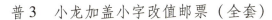

普3 小龙加盖小字改值邮票（全套）

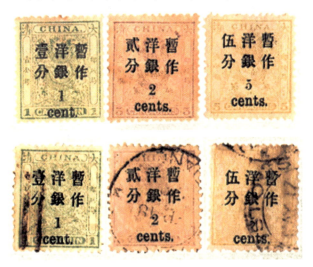

普3 25—27号为小龙加盖小字改值邮票

（1897年，太极图水印，新、旧票各一套）

普4 小龙加盖大字改值邮票

普4 28—30号为小龙加盖大字改值邮票

（又称"北海票"，1897年，太极图水印）

这一时期的慈禧六十寿辰加盖邮票共有六种版本，令人眼花缭乱。这成为中国早期邮票中最值得探讨的专题之一。

普5 慈禧六十寿辰（初版）加盖小字改值邮票（全套）

普5　31—40号为慈禧六十寿辰（初版）加盖小字改值邮票（1897年，太极图水印）

普6 慈禧六十寿辰（初版）大字长距改值邮票

普6　41—49号为慈禧六十寿辰（初版）大字长距改值邮票（1897年，太极图水印）

普7 慈禧六十寿辰（再版）大字长距改值邮票旧票

普7　50—58号为慈禧六十寿辰（再版）大字长距改值邮票（1897年，太极图水印）

普8 慈禧六十寿辰（初版）大字短距改值邮票

慈禧六十寿辰（初版）大字短距改值邮票中的"贰分/贰分银"票，俗称"翡翠姐"。据考证，新票现仅有三四枚存世。

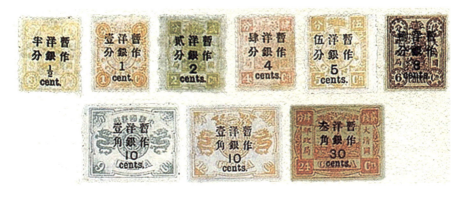

普8　59—67号为慈禧六十寿辰（初版）大字短距改值邮票（1897年，太极图水印）

方寸之间的家国情怀

普9 慈禧六十寿辰（再版）大字短距改值邮票

普9 68—75号为慈禧六十寿辰（再版）大字短距改值邮票
（1897年，太极图水印，新、旧票各一枚）

普10 慈禧寿辰（改版）大字短距改值邮票（全套）

普10 76—77号为慈禧六十寿辰（改版）大字短距改值邮票（1897年，太极图水印）

四、"华邮四宝"

1897年,清廷在筹印新邮票的同时,将造册处储存而未经使用的65万枚红色3分海关印纸,分批次加盖成八种不同面值的邮票,暂时替代为正式的邮票来发售贴用。红印花邮票是中国第一套采用其他票券改作邮资凭证的邮票,由于其刻印精美,流传于世的数量非常稀少,是中国珍贵的邮票。它们是:"红印花"原票、"当壹分"、小2分、大2分、小4分、大4分、小1圆、大1圆、"当伍圆"。

普11 红印花加盖暂作邮票

8种加盖

原票

普11 78—85号为红印花加盖暂作邮票(全套,1897年)

清代邮票"华邮四宝"也称"红印花四宝",指的是:①红印花原票;②红印花加盖小字"当壹圆"邮票;③红印花加盖"当伍圆"邮票倒盖;④红印花倒盖加覆盖"暂作洋银贰分"邮票。其中,最为珍贵的是传世孤品小字"当壹圆"旧票。

五、蟠龙邮票

(一)日本版石印蟠龙邮票

日本版蟠龙邮票是清代国家邮政成立后正式发行的第一套普通邮票,蟠龙邮票前后三次发行,共分日本石印票、伦敦雕刻版太极图水印票和伦敦雕刻版无水印票。这是大清邮局脱离海关、光绪皇帝御准开办"大清邮政"以后第一次正式发行的邮票。上海造册处接到指示后,由当时的绘图员费拉尔设计邮票初稿,初稿中专门设计了有中国传统特色的蟠龙、跃鲤、飞雁三种图案。龙为中华民族的图腾,雁、鲤则象征鸿雁传书及鱼藏尺素,寓邮递之意。原向华德路公司定印,以路途遥远,往返费时,缓不济急,乃由费氏另绘相似之图案,就近交由日本以石版赶印一批应用。当时任海关造册处税务司兼邮政总办的葛显礼对此不满意,特别是对雁图的"野天鹅"形象尤为不满。在给费拉尔的信中,他特别指出,需要一位专家设计邮票。在日本有一个画鸟专家愿为这枚邮票设计图稿。所以,第一套邮票的图案究竟是费氏所绘,还是由谁代绘,如今成了悬案。光绪皇帝1897年诏令自同年10月1日起使用蟠龙邮票。先前各种加盖银元邮票,自9月30日起停止出售,退还造册处销毁。

清代普通邮票

普 12　日本版蟠龙邮票（全套）

普 12.1　86—95 号为日本版蟠龙邮票新票（1897 年，太极图水印）

普 12.2　86—94 号为日本版蟠龙邮票旧票（1897 年，太极图水印）

整套邮票中，有两种错色邮票十分名贵。第 94 号面值 5 角的邮票原为黄绿色，由于印刷时油墨调配不匀和多次印刷等原因，出现黄绿、墨绿和蓝绿三种不同的刷色。又有一说，有些洋职员利用职权之便，在监印和加盖改值邮票时故意制造了一系列人为的错异变体，造

> 方寸之间的家国情怀

成了墨绿和蓝绿罕见的错色票。据有关资料记载，墨绿色票仅印了 160 枚；蓝绿色票仅印了 80 枚，存世量就更少了。

普 12.3　94a 号错色变体
（1897 年，太极图水印，新票，墨绿色）

普 12.4　96 号旧票
（1897 年，太极图水印，本套邮票最珍贵的"筋票"，盖有清晰的 1898 年 1 月 24 日北京邮戳）

普 12.5　97 号变体
（1897 年，太极图水印，日本版蟠龙伍圆邮票无齿印版样票）

清代普通邮票

（二）伦敦雕刻版太极图水印票和伦敦雕刻版无水印票

普13　伦敦雕刻版第一版蟠龙邮票（全套）

新票

旧票

普13.1　98—109号为伦敦雕刻版第一版蟠龙邮票（1898年，太极图水印，新、旧票各一套）

普13.2　99号旧票（罕见的上海海关1898年9月28日"S"字印反了的邮戳）

普14　伦敦雕刻版第二版蟠龙邮票

普14.1　110—129号为伦敦雕刻版第二版蟠龙邮票（全套，1901—1910年，无水印）

普14.2　伦敦蟠龙第二版121号变体及其背面粘印

清代纪念邮票

一、慈禧六十寿辰纪念邮票

慈禧六十寿辰纪念邮票是清代海关邮政发行的第一套纪念邮票。这套中国100多年前发行的纪念邮票，共分三种版别：1894年初版；1897年再版，为加盖而印，绝大多数已用于加盖"暂作洋银"，未加盖的存世量甚少，因此再版是三种版本之中最珍贵的；1897年改版即穆麟德版（Möllerdorff，旧称"莫伦道夫"版），纸质较厚，白色无水印，是造册处清代江海关造册处税务司穆麟德赠给清政府高级官员以及各国使节的礼品。三套邮票的图案完全相同。后两者均未正式发行。

纪1　慈禧六十寿辰纪念邮票——清代海关邮政发行的第一套纪念邮票

纪1　16—24号为慈禧六十寿辰纪念初版邮票（全套，1894年，太极图水印）

方寸之间的家国情怀

纪 1.1　慈禧六十寿辰纪念再版邮票

新票

新票背胶

纪 1.1　16r—24r 号为慈禧六十寿辰纪念再版邮票（全套，1897 年，太极图水印）

二、宣统登基纪念邮票

宣统登基纪念邮票是清代国家邮政成立后正式发行的第二套纪念邮票，由英国公司印制。该套邮票 1909 年 9 月开始发售，1914 年 4

月停用，从发行到停用的时间较短，市场上新票较多，旧票很少。

据记载，该票发售前夕进行了大量宣传，被当时的邮商与爱好者视为奇货，趋之若鹜。对此，邮局方面做出了每人限购的规定，但发售日当天仍人山人海。而在分到票最多的上海，则在一天之内售罄。

此套邮票从印刷和艺术等方面看，虽不及近代的邮票精美，但是自发行至今已超过100年，它是末代王朝的侧影，具有一定的史料和收藏价值，是难得的历史文物。

纪2　宣统纪念邮票

新票

旧票

纪2　130—132号为宣统纪念邮票（1909年，新、旧票各一套）

清代欠资邮票

　　中国清代先后发行三套欠资邮票。第一套6枚，1904年4月1日售用，在无水印伦敦版蟠龙邮票上分中文和英文两行加盖，由上海总税务司署造册处承印；1904年11月10日，大清邮政发行了第二套欠资邮票，8枚，蓝色，由英国伦敦华德路公司印制，雕刻凹版；第三套欠资邮票仍由英国伦敦华德路公司印制，图案和票幅与第二套欠资邮票完全相同，改为棕色，首批1分、2分运到中国后，于1911年2月22日起售用，其余半分、4分、5分和20分四种运到中国时，清政府已被辛亥革命推翻，因此没有发行。第三套欠资邮票加上未发行的四枚被称为"棕欠资"邮票。

新票

旧票

欠1　Q1—Q6号为伦敦版蟠龙改作欠资邮票（1904年，无水印，新、旧票各一套）

清代欠资邮票

欠2　Q7—Q14号为伦敦版第一次欠资邮票（全套，1904年）

欠3　Q15—Q16号为伦敦版第二次欠资邮票（全套，1911年）

西藏贴用邮票

　　1910年，清代政府在西藏设立邮区，于拉萨设立邮政总局。在江孜帕克哩、日喀则、亚东、察木多设立邮局。原使用伦敦雕刻版第二版无水印蟠龙邮票。1911年3月，为适应当地币值不同等情况，发行加盖汉、英、藏文面值的地方邮政邮票。黑色加盖于伦敦雕刻版第二版无水印蟠龙邮票上。显示银元、卢比、藏币三个币种，限在西藏使用。全套共11枚。这套邮票全套已经很难看到，尤以旧票带邮戳最为珍贵。

藏1　XC1—XC11号为伦敦版蟠龙加盖西藏贴用邮票（全套，1911年，无水印）

西藏贴用邮票

XC1 "半分"　　　XC2 "壹分"　　　XC3 旧票（珍贵的亚东邮戳）

XC4 "肆分"　　　XC8 "拾贰分"　　　XC9 "贰拾肆分"

39

清代商埠邮票

1840年鸦片战争失败后，清政府与资本主义列强签订了一系列不平等条约，开放重要城市为商埠。继英国之后，法国、美国、俄国、日本、德国也蜂拥而入，纷纷在中国设立租界，划分势力范围，并在商埠设立市政机构工部局，附设邮政机构，即带有殖民地色彩的商埠邮局。商埠邮局所发行的邮票叫"商埠邮票"。

1896年3月20日，清朝正式开办国家邮政，所有商埠邮票才被叫停。从1865年上海工部局书信馆发行大龙邮票算起，11个商埠邮局共发行500多种邮票。

商埠邮票有的是工部局书信馆发行，如上海、汉口、九江、镇江、厦门等。烟台、宜昌、福州、南京的商埠邮局系外国社会团体开办。重庆、芜湖的邮局则是个人经营。商埠邮票的使用范围窄，主要是在华外国人使用，而且用量不大，因此不少商埠邮票是作为牟利的集邮商品而发行的。镇江商埠票的印制是由在红印花加盖中耍花活的费拉尔一手包办的，各种变体花样百出，应有尽有。弊案被揭发后，海关不得不将其革职，可见其作弊之甚。有的商埠邮局在停业前加盖一批"P.P.C"字样的邮票，意为"告别"；有的减价抛售。凡此种种，使商埠票身价不高。商埠邮票的收集者不多，而且多在老辈集邮家之列。有些票品很难收集，况且工部大龙票的版式繁复，又有伪票混杂，镇江票变体丛生，这些都给商埠邮票的收集研究带来困难，使许多集邮者望而却步。

以下展示的一些邮票，上海邮票编号以美国的斯科特标准邮票目录（Scott Standard Postage Stamp Catalogue，简称 Scott 目录）为依据，其他商埠邮票编号以英国的吉本斯邮票目录（Stanley Gibbons）为依据。

一、上海工部局书信馆邮票

以下为上海工部局书信馆发行的邮票。

上海工部局发行的第一版大龙邮票（1865年）

42—48号为小龙邮票（1866年）

方寸之间的家国情怀

109—110 号为小龙邮票（全套，1886 年）　　　　153 号无齿邮票（1893 年）

153—159 号为上海开埠 50 周年纪念邮票（全套，1893 年）

160—166 号为上海开埠 50 周年纪念加盖邮票（全套，1893 年）

清代商埠邮票

170—172号（全套，1896年）、151号（对剖邮票，1893年），167号为上海开埠50周年纪念邮票（全套，1893）

欠14—欠20号（全套，1893年）

二、烟台商埠邮票

烟台，又称芝罘。中英第二次鸦片战争，清朝战败。烟台于1858年《天津条约》签订后开埠。烟台的侨民多为德国人，使用上海工信部的邮票多有不便，因此，1893年，当地以德国人为主的外侨成立了"烟台商埠邮政委员会"，先后与上海、汉口工信局议妥邮件互递办法后，于当年夏成立烟台商埠邮局，脱离上海自办邮政，于10月6日开始发行邮票。

19世纪末，集邮热兴起。邮政从业者制作变体票或暂作票，借机投机赚钱的不在少数。烟台商埠邮票却十分规整，自始至终未发现一例变体票。

方寸之间的家国情怀

2号（1893年）　　3号（1893年）　　5号（1893年）

6—8号

三、汉口商埠邮票

清朝末年，汉口为全国三大茶市之一，商业繁荣，外侨商号林立，商务带动邮务的发展。当时，上海工部局在汉口英租界开辟了一个代办所，但上海供给的邮票远不能满足汉口外商的需求。汉口工部局遂与上海方多次洽谈，决定接收上海代办所，改为汉口书信局馆，自办邮政，并发行邮票。汉口为各商埠中效仿上海办邮政的商埠。

1893年，汉口成立商埠邮局，5月首次发行邮票。先后发行三种不同面值的担茶图邮票、以黄鹤楼为主图的2角票和以汉口英租界工部局大楼为主图的3角票。

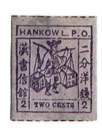    

4—8号（全套，1893年）

清代商埠邮票

14—15 号（全套，1894 年） 　　　　　　　　　38 号（1896 年）

四、重庆商埠邮票

晚清时期，重庆是西南地区最重要的商埠。但当时重庆不允许寄信，因此有英国人立特尔（Archibald Little）代当地侨民和华人运送信件到宜昌投递。1893 年汉口自办邮政之后，立特尔也在重庆自办重庆信局，向上海别发洋行（Kelly & Walsh）定印邮票，12 月起发行。

M3—M7 号（全套，1894 年）

五、福州商埠邮票

福州自中英《南京条约》签订以后，为五口通商之一，与汉口、九江并称三大茶市。1895年1月1日成立福州书信馆并筹划发行邮票。该套邮票设计者为意大利人绵嘉义（Juan Mencarini），由英国伦敦华德路公司印刷，平版石印，雕刻者贝恩（Bain），龙舟竞赛图邮票（全套9枚）第一次发行因低面值很快售罄，又于1896年7月第二次发行2枚邮票：5文，黄色；1仙，棕色。由于龙舟竞赛成为一项传统体育竞赛项目，不经意之中这套龙舟竞赛图邮票成为世界首套体育邮票，因为它比发行于1896年的奥林匹克邮票还早一年。1897年大清邮政设立邮局，福州商埠邮局被限令停业。

1、6、7、8号（1895年）

10—11号（全套，1896年）

六、镇江商埠邮票

1893年以前，镇江外寄的邮件要靠上海书信馆所设的代办处受理，但不用上海工部局的邮票。1894年，镇江工部局自办书信馆，于同年8月6日发行邮票，主图采用长江、镇江的金山的风景。该所

清代商埠邮票

从1894年8月至1895年9月底共计发行八套54枚邮票（不含印面未发行者）。镇江商埠票除第一版普票少有变体外，其余各版变体票极多，出现诸如漏盖、倒盖、复盖、漏印、错印英文字母等情况，错漏百出，世所罕见。

1—7号（全套，1894年）

15号（1895年）　　　欠8号（1894年）　　　欠13号（1894年）

七、九江商埠邮票

1894年4月,九江商埠邮局脱离上海工部局书信馆的代理关系,成立"九江公务局书信馆",6月1日开始发行邮票。九江公务局共发行两版普通邮票,第一版为一套十枚,九种面值。各面值的纸色和刷色均不统一。其中,半分票有两枚(下图1、2号),主图为高低塔,"九江"二字位居左上角;1分以上面值票的主图为"九江"二字居中,四周加花纹装饰。第一版邮票仅发行一个月,半分票就售罄,增印两种半分票,刷色同前,图案改为远山桥旁一塔。同年12月,1分票售罄,再添印1分票,图案改为素有"江上蓬莱"之称的安徽小孤山。

1—10号为第一版(全套,1894年)

后来发行的两种半分和一种1分邮票为第二版普通邮票。1896年,半分和1分票又缺,公务局用20分、15分邮票加盖改值半分、1分票,后再用6分加盖改值2分票使用。其间还出现过两次加盖欠资邮票。

清代商埠邮票

11—13号为第二版（全套，1894年）

18—20号（全套，1896年）

九江商埠邮票发行之时，正值社会上投机之风盛行，其也因此成为商埠邮票中最具投机性的邮票。发行机构一味迎合投机者的喜好，忽略实际所需，导致商埠邮票停办时，仍有大宗高面值新票剩余。

八、厦门商埠邮票

厦门工部局于1894年11月15日成立"厦门工部邮政局"，开始自办邮政。1895年6月8日发行了首套商埠邮票。因厦门有鹭江，所以厦门商埠邮票以白鹭入图，先后发行五种面值的邮票，一年后供不应求。后来，该机构又加印、增印不少。加盖改制邮票共计五次。

1号（1895年）　　2号（1895年）　　欠9号（1895年）　　欠12号（1895年）

方寸之间的家国情怀

九、芜湖商埠邮票

1876年中英《烟台条约》签订,增开宜昌、芜湖、温州、北海四地为对外通商口岸。芜湖商埠邮局是由英国人私下于1894年7月1日开设,与上海工部局书信馆订有互换邮件关系。1894年11月26日发行了第一套芜湖商埠邮票。这套邮票主题很多,其中选择"富""吉"字为邮票主题的设计理念非常新颖。

11、12号"富百代"邮票(1894年)

"富贵无边"集邮趣闻

1894年11月26日芜湖发行的第一套邮票共10枚。其中,最受人们喜爱的就是一枚以"富"字为主图的邮票,整整100枚连张的"富"字邮票寓意子子孙孙百代富贵,因深受人们喜爱而被珍藏。几十年后,北京故宫博物院发现很多馆藏古书画由于年代久远出现了不同程度的破损现象,必须立即着手修补。大家认为用现代纸张无法完全复原古代书画传承千百年下来的那种历史感,而最适宜的一种纸张就是晚清时期安徽芜湖地区的邮票用纸。其中,"富百代"的邮票边纸无论在纸质、韧性还是霉斑的相似度方面,都与故宫的诸多古书画极为契合。芜湖当地的一个邮商想出了一个极其高明的办法,于是拿着一版撕去边纸的整版"富百代"在当地到处跟人宣扬:"你们的邮票能保佑家族富贵百代;你再看看咱这版没有边纸的邮票,那才是富贵无边啊。"很快,"富贵无边"的说法在当地迅速流行起来,而撕下来的边纸自然而然就被故宫的专家大量收购以做修补古画之用了。

清代商埠邮票

十、宜昌商埠邮票

宜昌是入川门户，重庆往来邮件须经宜昌转口，因此，重庆商埠邮局在此设有分局。宜昌属英领事管辖，却未设工部局。1894年1月，重庆发行商埠邮票后，宜昌外侨开始商议自办邮局，得到英国领事的支持。遂于当年6月成立宜昌书信馆，12月1日发行第一版普通邮票。图案由日本艺术家设计，日本东京筑地活版印刷所制版印刷。

5号（1894年）　　8号（1894年）　　11号（1895年）　　16号（1896年）

十一、南京商埠邮票

1896年，南京与上海工部局书信馆脱离邮务代理关系后，由当地外侨和传教士合设金陵书信馆。同年9月开始发售邮票。金陵书信馆共发行四版普通邮票，皆为日本东京筑地活版印刷所制版印刷，白纸，无水印。中心主图有翁仲、鼓楼、石像、玄武湖、孔庙和大钟，皆为南京名胜。

1号（1896年）　　2号（1896年）　　9号（全套，1896年）

清代实寄封、明信片、邮戳及其他

一、实寄封

上海工部局书信馆邮票实寄封

[1893年5月29日,贴有一枚对剖邮票(上海148号)]

清代实寄封、明信片、邮戳及其他

清代实寄封

（1911年6月25日，九江寄美国费城，贴1角6分伦敦蟠龙第123号邮票）

方寸之间的家国情怀

二、明信片

清代实寄明信片——杭州西湖

(上海发行，1910年4月9日由上海寄往英国南安普敦，经西伯利亚转寄，贴两枚伦敦蟠龙2分第113号邮票双连)

清代实寄封、明信片、邮戳及其他

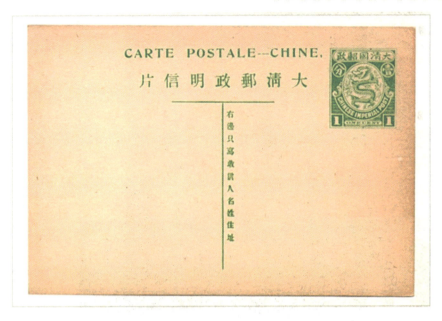

大清邮政第四次蟠龙图邮资明信片

（邮资 1 分，蟠龙邮资明信片于 1897 年、1898 年、1907 年和 1908 年陆续发行过四次）

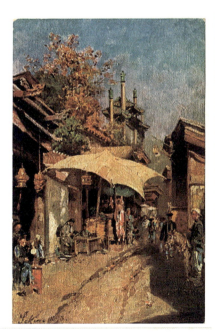 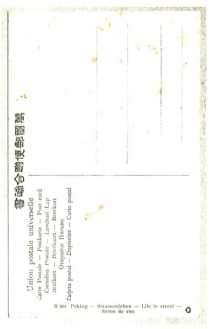

清代万国邮联明信片——北京街道

（1893 年，日本发行）

方寸之间的家国情怀

清代万国邮联明信片——烟民
（日本发行）

清代实寄封、明信片、邮戳及其他

清代万国邮联明信片——广州琶洲塔
（香港发行）

方寸之间的家国情怀

美国实寄明信片上的中国——广州鸟瞰图
(1909 年,芝加哥寄威斯康星州,贴 1 美分邮票,Scott 目录编号 331)

清代实寄封、明信片、邮戳及其他

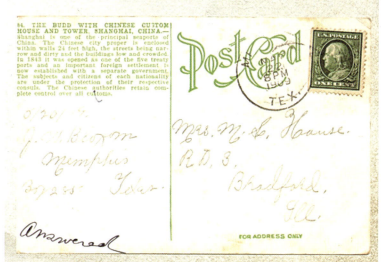

美国实寄明信片上的中国——上海外滩江海关大楼和龙华古塔
(1909年,德克萨斯州寄伊利诺伊州,贴1美分邮票,Scott目录编号331)

方寸之间的家国情怀

美国实寄明信片上的中国—— 奉天（沈阳）清昭陵

（1909年，内布拉斯加州寄艾奥瓦州，贴1美分邮票，Scott目录编号331）

清代实寄封、明信片、邮戳及其他

镇江工部邮资明信片
（1894 年，邮资 1 分）

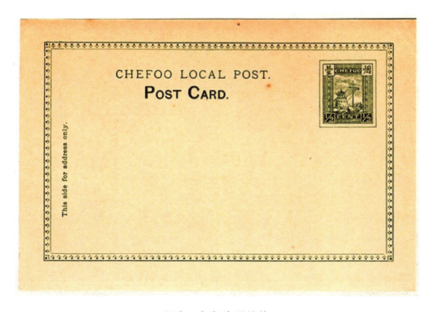

烟台工部邮资明信片
（1894 年，邮资半分）

三、邮戳

邮戳是珍邮之母。在邮品中,邮戳与封、票三足鼎立,起着举足轻重的作用,是万万不可轻视的。

除上述普 14 的 99 号邮票上海海关 1898 年 9 月 28 日 "S" 字印反了的邮戳、历史性珍贵的西藏贴用邮票的亚东邮戳之外,下面是笔者多年来收集到的一些清晰可鉴的清朝时期的多地邮戳,把它们放大展现以供欣赏。

福州邮戳　　　　　　　　　　　　芜湖邮戳

芜湖邮戳　　　　　　　　　　　　上海邮戳

晚清时期国家邮政虽已开办,但邮政大小实权都掌握在海关手中,所以,邮件上仍使用海关戳。在清代国家邮政开办后的 1897 年 1 月 13 日,开始使用八卦邮戳,于 1912 年 12 月停用。因八卦邮戳每戳代表一个地名,不能看出日期,所以同时加盖一个有中英文地名和阴阳历日期的日戳。

四、其他

烟台工部邮资邮简
（1894 年，邮资 1 分）

烟台工部报纸邮资包裹
（邮资半分）

方寸之间的家国情怀

德国贸易名片上的中国——大龙出巡
(1910 年)

清代实寄封、明信片、邮戳及其他

德国贸易名片上的中国——婚礼

(1910年)

方寸之间的家国情怀

清末光绪皇帝头像——保皇会印信邮票
（1899年，双连，无齿，原胶）

保皇会印信邮票是清末戊戌变法失败后，中国近代改良派政治家主张推行"宪政"的维新人士捐资筹款成立的中国维新会（又称"保皇会"）的实质性产物之一，是近代历史的见证。

（文/黄绍锵）

清代珍邮欣赏

方寸世界，邮海浩瀚，何谓珍邮？邮品太多了，除了邮票，还包括实寄封、明信片、邮戳等邮政纪念品。下面只谈谈清代的珍贵邮票。

成为珍邮的基本条件：发行量少和发行时间久远。珍邮大多数都是由错体票和变体票组成的。错体票主要是由于设计的差错，造成图案、文字等错误并经邮局售出的邮票。变体票是在制版、印刷、打孔、加盖等过程中造成差错并经邮局售出的邮票。这里有一个先决条件，就是经过邮局窗口出售；第二个条件，就是由于发行量小以及发行背景特殊，造成存世量极少。

一、慈禧六十寿辰纪念邮票——错版邮票一瞥

先欣赏无可争议的中国第一枚错版邮票，慈禧六十寿辰纪念邮票（俗称"万寿邮票"）中的3分银和6分银邮票，其价值绝不在其他任何一枚错版邮票之下。如今，一枚品相完好、未经盖销的3分银或6分银邮票已难得一见。

慈禧六十寿辰纪念邮票及其加盖改值邮票，作为中国的第一套纪念邮票，繁多的版别以及加盖改值后的复杂版式，使一代又一代集邮者为之痴迷。万寿邮票全套九枚，由费拉尔设计，图案分别为：五福捧寿（1分银）；腾龙戏珠（2、3、4、6分银）；鲤鱼跃水（5分银）；五福捧寿、双龙跃立（9分银）；五福捧寿、大清邮政（12分

> 方寸之间的家国情怀

慈禧六十寿辰邮票——中国第一套纪念邮票

银）和一帆风顺（24分银）。这套邮票共分三种版别：1894年初版，太极图水印；1897年再版，太极图水印，此版原票为加盖而印，并未正式发行；1897年改版，厚纸无水印，又称为穆麟德版，其为德国外交官穆麟德赠送给清政府高级官员以及各国使节的礼品。"万寿邮票"这三套版本以及后来的普5至普10的六套加盖改值邮票，都位列珍邮。

"万寿邮票"的工艺虽不及后来英国承印的"蟠龙邮票"精美，与现代邮票的印刷质量更是不能同日而语，但它的美体现在每一个细节中。这套邮票突破了"大龙""小龙"单纯以龙为主题的局限，而将古代诸多经典的吉祥元素相融合，可以算得上是对中国"福寿文化"的一次大盘点。

但是，3分银邮票中竟然把传统的伏羲八卦和文王八卦所有的卦象都上下、左右颠倒了！这可叫颠倒乾坤了。在充满迷信的封建社会，这是万万使不得的，更何况是在给老佛爷祝寿的邮票上。

"万寿邮票"中6分银面值的这一枚，四角的八卦图也跟3分银的一模一样。因此也是一枚罕见的错版邮票。

清代珍邮欣赏

"万寿邮票" 3 分银及图案

"万寿邮票" 6 分银

"万寿邮票"以及加盖系列出现了很多复盖和倒盖的错体票。其中有四种复盖票，八种倒盖票，被称为"万寿四复八倒"。这些都是可遇而不可求的罕品。由于篇幅所限，就不详细介绍了。不能不提及的是普 7 里面的"翡翠姐"——一枚与"红印花小壹圆"旗鼓相当的珍邮。

"翡翠姐"即"万寿"初版大字短距 2 分票。"万寿"加盖票，有初版与再版之分。加盖"暂作洋银"的"银"字与阿拉伯数字之间距离 2.5 毫米的称"长距"，距离 1.5 毫米的称"短距"。阿拉伯数字字体稍大的称"大字"，字体稍小的称"小字"。在"万寿"初版大字短距改值邮票中的 2 分票是最名贵的。新票已成为"万寿"加盖中最珍贵的邮票，据考证，世上仅存三四枚。

关于"万寿"初版大字短距票曾有一段趣闻。1920 年，上海集

方寸之间的家国情怀

"万寿"加盖"暂作洋银贰分"("翡翠姐")

邮家袁醴波在上海一家兼营邮票的商店购得两枚"万寿"加盖票,其中有一枚"万寿"初版大字短距2分票。袁得知此票是罕品,欣喜若狂。为了求证,他请"邮王"周今觉鉴定。经周今觉仔细鉴别,确定此票为初版加盖,系存世"孤品"。这件事当时曾轰动上海邮坛。此票几经周转,一度下落不明。英国拍卖商于1970年拍卖过一枚,菲律宾集邮家黄天涌喜得此票,赐"翡翠姐"美名,该名由此流传邮坛。

二、"红印花"原票与加盖暂作邮票——华邮珍宝

"红印花"加盖暂作邮票,或称"红印花"邮票。1896年大清邮政正式开办以后,因为临时急需各种高面值的邮票,于是,1897年将造册处储存而未经使用的65万枚红色3分海关印纸,分批次加盖成八种不同面值的邮票,暂时替代为正式的邮票来发售贴用。"红印花"邮票是中国第一套采用其他票券改作邮资凭证的邮票,由于刻印精美,加之流传于世的数量非常稀少,是中国最珍贵的邮票之一。清代邮票著名的"华邮四宝"全部出自"红印花"原票与加盖暂作邮票。它们分别是:"红印花"原票、加盖小字"当壹圆"、倒盖"当伍圆"、小2分倒盖兼复盖。其中最为珍贵的是"当壹圆"。百年来,集邮界对"红印花"邮票加以发掘和研究,已经形成另一门"红学"。

"红印花"原票并不是什么印花税票,而是进口商品报关时使用的一种海关自用的凭据。由于当时海关完全把持在洋人手里,所以自然就没必要在"红印花"上印中文了。后来,清政府开办国家邮政,"红印花"被大量加盖成正式的邮票,而现今仅存的原票数量只有区区53枚。若由存世的全张张号来判断它的加盖先后顺序以及数量,

清代珍邮欣赏

原票

8 种加盖
华邮珍宝"红印花"暂作邮票和"红印花"原票

依次为：小 1 圆 50 枚，大 1 圆 29850 枚，当 5 圆 20000 枚，小 2 分 100000 枚（民间加盖），当 1 分 199900 枚，小 4 分 200 枚，大 4 分 49800 枚，大 2 分 250000 枚（另有原票 200 枚未加盖）。据考证，"红印花小字'当壹圆'"新票存世仅 31 或 32 枚，而且都记录在档，其中一个四方连被誉为"东半球最罕贵之华邮"。

方寸之间的家国情怀

四方连

"红印花小字'当壹圆'"旧票

而在"红印花小字'当壹圆'"邮票中,有一枚更是堪称无价之宝,因为它是盖销有八卦戳的旧票。在我国历史上仅发现一枚,是传世孤品。据闻,这枚邮票原为清代上海海关造册处德籍绘图员费拉尔所有。1926年1月,其女婿英国人雷本在上海邮票会上曾公开展出此票。第二年4月,他以1500元的价格把全框邮票转让给上海邮商陈复祥,其中包括这枚"当壹圆"旧票。同年5月,陈氏将这枚珍邮转让给天津集邮家袁让。后来,袁氏又把这枚珍邮转卖给上海的外籍集邮家布许,布许又把这枚珍邮转售给福州的阮景光。1931年,阮氏破产,出售珍邮,该邮票再次被布许购得,后来布许又将这枚珍邮转售给山东刘子惠。1944年7月,刘氏以1000美元的价格售给上海集邮家马任全。1956年,马任全将这枚珍邮捐献给了国家,现藏于中国邮票博物馆。

研究"红学"的大家不断有新发现。因此还有"红印花七宝""红印花十宝"之说。

清代珍邮欣赏

"红印花四宝"

红印花加盖"暂作贰分"票的试盖样票

在"红印花加盖暂作邮票"家族当中，还有一枚稀世奇珍"绿衣红娘"，即红印花加盖"暂作贰分"票的试盖样票，也称红印花小字2分绿色加盖票。因用绿色油墨加盖在红印花原票上，故被雅称为"绿衣红娘"。现今存世不足十枚，其中一件直双连由中国邮票博物馆收藏，其余七枚均为单枚。

在广州市地方志馆的特藏室内珍藏了11枚红印花加盖暂作邮票（其中有一枚变体票），如下组图所示。

"当壹分"（新、旧票各一枚）　　　罕见的变体票（加盖字模有两处破损）

方寸之间的家国情怀

　　　小 2 分（新、旧票各一枚）　　　　　　　大 2 分（新、旧票各一枚）

　　　大 4 分（新、旧票各一枚）　　　　　　　大壹圆（新、旧票各一枚）

（文/黄绍锵）

再版慈禧寿辰纪念邮票探讨

慈禧六十寿辰纪念邮票

再版慈禧六十寿辰纪念邮票

方寸之间的家国情怀

中国清朝在1894年为庆贺慈禧太后寿辰而发行的邮票——慈禧六十寿辰纪念邮票（简称"慈寿邮票"）。这套邮票后来在1897年进行了再版、改版。虽然使用时间短，仅九个月，但是这三版邮票派生出来的加盖"暂作银洋"邮票，几乎枚枚珍贵罕至，使集邮者为之痴迷。这套邮票不管是在中国邮政史还是集邮史上都有非常重要的地位。和"大龙邮票""红印花加盖暂作邮票"一并成为历久不衰的中国早期邮票中最值得研究的专题，让一代又一代收集中国邮票的邮迷竞折腰。

一、缘起

纵观中国邮政史，19世纪末，中国第一套邮票"大龙邮票"1878年问世之后，1894年甲午战争期间，清廷不顾国家安危，还在大肆操办慈禧太后六十寿辰"万寿庆典"活动，筹备发行寿辰纪念邮票。当时，清代邮政尚未建立，邮票发行由海关总税务司兼办。邮票由造册处德籍职员费拉尔设计，并指导、监督印制的全过程。因此，这也是中国第一套留下设计者名字的邮票。1894年11月19日，慈禧太后六十寿辰纪念邮票正式发售。该套邮票共计9枚，图案均为中国传统的吉祥图案，是对中国"福寿文化"的一次大盘点。这套邮票创下了我国邮票的多项"第一"纪录：这是中国第一套多图案邮票，中国第一套高面值邮票；同时，这套邮票又是名副其实的"颠倒乾坤"的中国第一套错体邮票。

1896年3月20日（清光绪二十年二月初七日）清政府批准正式开办大清邮政并决定发行邮票，公布了《邮政开办章程》，规定邮资按洋银计算，以前印制的按银两计算的"大龙""小龙""慈寿"邮票都不能再使用（这就是为什么后来印刷的再版和改版慈寿邮票没有发现旧票的原因）。为了应急，大清邮政当局在新邮票印出之前，将未出售的小龙邮票和慈寿邮票加盖"暂作洋银"使用。由于库存不多，1897年将慈禧寿辰纪念邮票再印刷一次，这就是下面要讨论的再版慈寿邮票。

二、珍贵的再版慈寿邮票

比较上述两版慈寿邮票，乍一看慈寿再版票跟初版票除了刷色色度方面略有不同之外，其图案、面值、齿孔、水印均与初版相同，纸张也没有明显的区别，不易分辨。

慈寿票共分三期印刷，第一期的初版全套较易见到。第二期的再版慈寿邮票是为了加盖暂作洋银面值，其中的绝大多数都加盖了"暂作洋银"发行。全套再版原票并未公开发售，未加盖的原票甚少流到民间，因此成了珍品［1897年6月在上海印刷的白色厚纸无水印穆麟德版以及第三期只有2分银和3分银两种面值的改版票，不在本文讨论之列］。据考证，未加盖的再版慈寿邮票存世量只有数十套。

全套再版慈寿邮票是集邮家们梦寐以求的珍品之一，想要收齐极为不易。有一个小故事：中国著名集邮家姜治方先生二十年来走遍比利时、法国、德国、瑞士、西班牙、葡萄牙、波兰和中国等地，到处打听和搜寻再版的9分银新票，然而都找不到。后来，踏破铁鞋无觅处，回到北京的牛街，终于在我国印制邮票的白纸坊印刷厂附近的邮商杨启明处获得，才配齐了全套九枚的再版慈寿邮票。

"红印花小字'当壹圆'"邮票是公认的清代珍邮。它的珍贵之处是存世量少，只加盖发行了50枚，存世记录在册的仅33枚。而未加盖的红印花原票，据考证仅有53枚存世，原票被集邮界列入"红印花四宝"之首。同理，集邮界认为慈寿邮票加盖"暂作洋银"的六个复杂版式均属于珍邮之列，使存世量只有几十套的未加盖的再版慈寿邮票也成为中国古典邮票中的一套罕有的珍邮，近年来甚至在国际邮品拍卖会上也难得一见。

方寸之间的家国情怀

三、辨认再版慈寿邮票

以下是马任全①先生在《国邮图鉴》中关于慈寿邮票的中文和英文论述。

版别		初版	再版
刷色	1分银	朱红	橘红
	2分银	绿	黄绿
	3分银	棕黄、橘黄	铬黄
	4分银	玫红、淡洋红	淡玫红
	5分银	橘黄、暗橘	黄
	6分银	棕、巧克力色、棕红	红棕
	9分银	暗绿	明绿、翠绿
	12分银	深橘黄	淡橘黄
	24分银	洋红	深玫红
油墨		油墨浓而干燥，图纹中底纹微点细而稠密	油墨柔和均匀，色泽较淡而鲜艳，图纹中微点粗而稀少
背胶		带黄而略厚有光，下过水的票仍能保留微胶	白而较薄，其纸质或因胶水关系，仔细察看，能见有直纹的线条

The design, paper, watermark and perforation of the Second Print

---

① 马任全，中国著名集邮家。潜心搜罗、倾力荟萃珍奇国邮，轰动了当时的中国邮坛。在他的艰辛努力下，早期珍奇国邮全部保存在中国人手里了，从此不再流失国外。著有《国邮图鉴》等。1956年7月，马任全把6167枚珍贵邮票（包括全世界独一无二、价值连城的"红印花小字'当壹圆'"旧票）捐献给国家。1981年，马任全又将他第一次捐献后再次收藏的许多珍邮拿出来展出并捐献给国家。

are all the same as those of the First Print. The only differences are in the colour and gum. Besides some with changes of colours, those similar ones are a little bit lighter in the Second Print. The gum on the Second Print is whiter and more watery while that on the First Print is yellowish and thicker.

以上英文论述的中文大意是：第二版的设计、纸质、水印、齿孔与第一版相同，所不同的仅是刷色和背胶。刷色相似但第二版颜色比第一版颜色稍浅；第二版的背胶白且透明，容易洗脱，第一版的背胶黄且厚。

陈兆汉[①]先生在《中国邮票图鉴》中根据颜色、纸质、油墨和背胶来区分初版和再版票。

条目	原版	再版
颜色	朱红	橙红（壹分银邮票）
纸质	纤维细	纤维粗
油墨	粗糙，浓厚，干燥，图中线条及小点清晰	较稀，色淡而鲜艳，图中线条及小点粗而小
背胶	黄，厚，有光，在水中不易洗脱	白，薄，在水中易洗脱

近距离看看再版慈寿邮票的背面。

从扫描出来的图片仔细比较初版、再版慈寿邮票的正面和背面，可发现两套邮票确有区别。

---

① 陈兆汉，中国著名集邮家。专著《慈禧寿辰纪念邮票及其加盖票》为陈兆汉研究慈寿邮票的呕心之作。内容之精彩，印刷之精美，实为难得的邮学佳作。

方寸之间的家国情怀

初版慈寿邮票及背胶

再版慈禧寿辰纪念邮票探讨

再版慈寿邮票及背胶

初版：纸质稍硬而不透明，颜色比较浓厚而明亮，背胶黄厚；

再版：纸质较薄，可见纤维，颜色比较淡薄而鲜艳，背胶白薄透明。

方寸之间的家国情怀

小贴士:玩票上手,比较纸质、背胶

看图片不易辨别,一定要玩票上手。初版、再版的新票图案纸质无显著差别,刷色虽有深浅,颜色的准确定位很难对号入座。两个版本的新票在手,就会发现再版纸张较薄及透明,纤维纹路也不一样;两个版本的新票可以借助背胶的黄厚与白薄加以区分。这些区别,如不是亲手把玩过、比较过,是体会不到的。把玩过两套邮票,马上就会感觉到,再版慈寿邮票真是难得一见的罕品,邮票轻薄如葱皮,透过薄白的背胶,纤维清晰可见。真叫人爱不释手。

(文/黄绍锵)

清代慈禧寿辰邮票和加盖改值邮票再探

清代邮票当中，慈禧六十寿辰邮票和加盖改值邮票相当复杂，它们多属于珍邮。如何辨认和区分，笔者虽然讨论过，但总觉得不够深入和清晰，特再探讨如下。

慈禧六十寿辰邮票，集邮界又称之为"万寿邮票"，简称"慈寿邮票"。慈寿邮票共分三期印刷：印于1894年的第一期初版的全套九枚邮票较易见到；第二期再版全套九枚邮票印于1897年，是为了加盖"暂作洋银"面值，大多数都已经用于加盖，未加盖的原票甚少流落到民间，因此成了珍品；第三期改版印于1897年6月，因为当时可供加盖的3分银和2分银的邮票不够用，故只有2分银和3分银两种面值的改版票。

初版（有人称之为"日本版"，其实从来没有在日本印刷，是在上海印刷的），于1894年11月7日慈禧六十岁生日时发行，太极图水印。

初版慈寿邮票

方寸之间的家国情怀

再版（上海版）于1897年发行，太极图水印。再版是为了加盖"暂作洋银"面值而发行的，图案与初版完全一样，只是油墨、颜色色度和背胶不同，与初版不易区别。初版、再版的新票图案纸质无显著差别，刷色虽有深浅，亦出入不大。故新票常借助背胶的黄厚与白薄加以区分（请参考前文《再版慈禧寿辰纪念邮票探讨》的论述）。如果我们能够分辨初版和再版，就抓住了分辨以后发行的众多加盖改值版本的关键所在。

再版万寿邮票（1897年）

穆麟德版，1897年6月在上海印刷，白色厚纸，无水印，因此容易与有水印的初版、再版区别开来。

万寿邮票穆麟德版

清代慈禧寿辰邮票和加盖改值邮票再探

以上三种版式的慈寿邮票除了纸质、水印、颜色有所差别之外，枚数、图幅大小、齿孔、面值都一样。其中，初版之中又产生了9分银对倒票、24分银横双联中缝漏齿等变体珍邮。再版和穆麟德版都位列珍邮。

清代邮政的发展大体经历了两个阶段，即海关试办邮政阶段（1878—1896年）和清代国家邮政阶段（1897—1911年）。在海关试办邮政阶段，先后发行大龙、小龙和慈寿三种共24枚银两面值邮票。1897年清代国家邮局发行邮票，邮资改银两为洋银。因正式邮票——日本版石印蟠龙邮票赶印不及，将留存的上述三种邮票以及"红印花"加盖"暂作洋银"字样以应急需。其中，慈禧六十寿辰加盖暂作洋银邮票的就有六种版本，令人眼花缭乱。虽然，这些加盖"暂作"邮票在1897年9月30日便停止使用并销毁，却成为中国早期邮票中最值得探讨的专题之一，出现了多少令人痴迷的珍邮故事。下面就逐一展示这六个版本的真容，浏览的时候，留意发行日期，概念就更加清晰了。

这六个版本大体分为三种：初版小字、大字长距（初版—再版）、大字短距（初版—再版—改版），如下表所示。

票序	版本	字号	距离	规格
普5	初版	小字	—	3毫米
普6	初版	大字	长距	2.5毫米
普7	初版	大字	短距	1.5毫米
普8	再版	大字	长距	2.5毫米
普9	再版	大字	短距	1.5毫米
普10	改版	大字	短距	1.5毫米

普5 慈寿初版加盖小字邮票：1897年1月2日发行，加盖小字仅此一版，以后的慈寿邮票都是加盖大字。

方寸之间的家国情怀

普5 慈寿初版加盖小字邮票

普6 慈寿初版大字长距改值邮票：1897年3月1日发行，阿拉伯数字改为大字，与中文字间距为2.5毫米。因为可供加盖的初版邮票数量少，这套邮票要集成全套很不容易，所以远比下列的再版大字长距改值邮票珍贵。

普 6　慈寿初版大字长距改值邮票

普 7 慈寿再版大字长距改值邮票：1897 年与普 6 邮票同期发行。

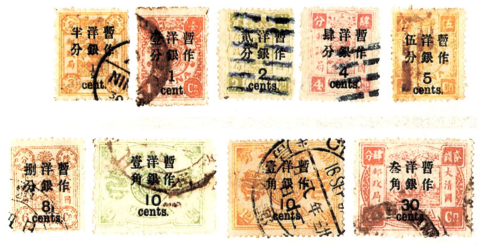

普 7　慈寿再版大字长距改值邮票

普8 慈寿初版大字短距改值邮票：1897年5月（一说6月）发行，阿拉伯数字为大字，与中文字间距为1.5毫米。此时可供加盖改值的初版邮票更少了。全套该邮票堪称凤毛麟角。其中"2分/2分银"票，俗称"翡翠姐"，据考证新票现存世仅三四枚。

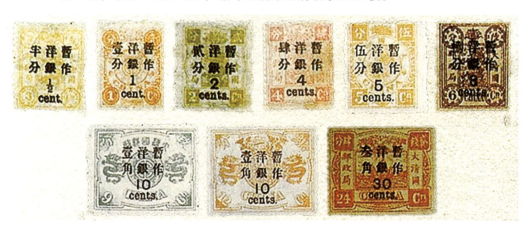

普8 慈寿初版大字短距改值邮票

普9 慈寿再版大字短距改值邮票：1897年6月发行，阿拉伯数字为大字，与中文字间距为1.5毫米。不同于普8，全套只有八枚。

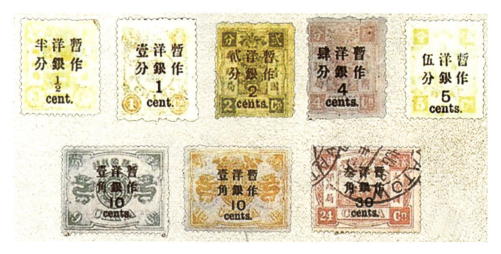

普9 慈寿再版大字短距改值邮票

清代慈禧寿辰邮票和加盖改值邮票再探

普 10 慈寿改版大字短距改值邮票：1897 年 6 月与普 9 同时加盖发行，因为当时可供加盖的 3 分银和 2 分银的邮票不够用，特改版加印两枚邮票以供应用。这种未加盖的改版原票从未流传于世。慈寺改版票与初版票的区别如下。

面值	初版票	改版票
二分银	 "2"字字体小而下部弯曲	 "2"字字体肥而下部平直
三分银	  "叁""分"与"3""Cn"字体较小且瘦（上图） 八角形小框中"叁""分"与"3""Cn"四周的八卦图模糊（下图）	  "叁""分"与"3""Cn"字体较大且肥（上图） 八角形小框中"叁""分"与"3""Cn"四周的八卦图清晰（下图）

方寸之间的家国情怀

普 10　慈寿改版大字短距改值邮票

　　慈寿加盖改值暂作邮票大部分是珍邮，还出现了许多变体珍品，除了"翡翠姐"，首推慈寿"四复八倒"邮票、慈寿初版改值中缝漏齿、"叁"字异体票等。篇幅所限，恕不详述。

（文／黄绍锵）

清代国家邮政发行的第一套普通邮票：蟠龙邮票

本文展示的是广州市地方志馆特藏室收藏的一套清代邮票。这既是清代国家邮政建立后，于1897年正式发行的第一套普通邮票（日本版石印蟠龙邮票）；也是清代邮局脱离海关邮政，由光绪皇帝御准开办"大清邮政"以后第一次正式发行的邮票。蟠龙邮票前后发行三次，共分日本石印票、伦敦雕刻版太极图水印票和伦敦雕刻版无水印票。

其中，伦敦雕刻版太极图水印票和伦敦雕刻版无水印票发行数月后，竟然发现这套邮票出错了：将邮票图案中的英文"CHINESE IMPERIAL POST"（大清帝国邮政）误印为"IMPERIAL CHINESE POST"（帝国大清邮政），为此，大清邮政局不得不让英国方面重新印制蟠龙邮票，即"伦敦版蟠龙"邮票。错版的日本版蟠龙邮票发行时间短，仅几个月，因此数量极少，可谓"一票难求"。这套邮票无论新票、旧票都很难集齐一套。

特藏室还珍藏了一枚面值5角的墨绿色的异色变体邮票新票，而这枚邮票本应是草绿色的。这枚邮票还有旧票存世吗？

日本石印蟠龙邮票（全套）及面值5角的墨绿色变体邮票

新票

旧票

伦敦雕刻版第一版蟠龙邮票（全套，新、旧票各一套）

清代国家邮政发行的第一套普通邮票：蟠龙邮票

伦敦雕刻版第二版蟠龙邮票（全套）

伦敦蟠龙第二版变体及其背面粘印

方寸之间的家国情怀

清代伦敦第二版蟠龙无水印邮票发行于1901—1910年，全套20枚，由费拉尔设计，英国伦敦华德路公司承印。该套邮票中有许多变体票，而最为名贵的是1分邮票中的"壹"壬字头邮票。

为什么这套蟠龙1分邮票中的"壹"字会出现"大头壹"和"壬字头"呢？1分票在英国伦敦华德路公司的某一印版的印刷过程中，出现了少数"壹"字字模发生破裂的现象。印刷工人发现后，为对印刷质量负责，于是把损伤部分磨平重新镌版。由于时间紧、任务重，便用人工来修饰印刷原版。其印版第8格第20枚右上角的大写"壹"中的竖划明显要比正常票粗大，故名"大头壹"；另外，英国的普通印刷工人因不认识中文字，在修饰原版时，将印版第8格第12枚右上角的"壹"字头上的"士"字多加了一撇，修改成了"壬"字。这种变体票和其他正票一起运回中国时，正值辛亥革命推翻清政府，建立中华民国之际。因而除少数发给长沙等地邮局使用外，留在印刷厂的1分票加盖了楷体字"中华民国"字样。偶尔有漏盖变体"大头壹"和"壬字头"的邮票流出来落入集邮家手中，十分稀罕。目前所知，未加盖的伦敦版蟠龙无水印1分"壹"壬字头修饰字体新票存世量为五枚。

普通"壹"字与"大头壹"和"壬字头"

清代国家邮政发行的第一套普通邮票：蟠龙邮票

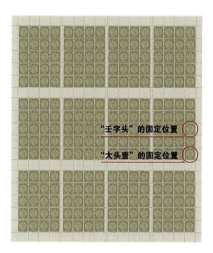

"大头壹"和"壬字头"在240枚整版中的固定位置

由于这两种原票的变体票各只占整版的1/240，实属珍邮。后来加盖了"中华民国"的民普3、民普4和民普5的"大头壹"和"壬字头"也属于珍邮。

"大头壹"

"壬字头"   "壬字头"加复盖

广州市地方志馆特藏室珍藏的三枚"大头壹"和"壬字头"变体邮票

（文/黄绍锵）

大龙邮票面值设定与数字文字的演变

1878年,清代海关试办邮政发行首套邮票三枚,后名为"大龙邮票"。现谈谈对大龙邮票面值单位的设定及中文、英文和阿拉伯数字文字的使用、演变。

一、大龙邮票三种面值单位的设定

(一)大龙邮票票面设九格,面值数字占四格

大龙邮票票面由图文和格子组成,汉字竖排由上而下,由右往左,符合彼时中国人的汉字书写习惯。英文和阿拉伯数字为横排。邮票设计者以8条直线条构成上下左右大小长短不一的九格,三种数字文字在九格中占了四格,符号点未占格。1分银、3分银、5分银面值单位,数字均为奇数,面值加起来共9分银。9分银与9格之"9"的数字亦是奇数。在传统中国文化中,9是数之最,言数之多,时之"久",寓意吉祥。

(二)设计图稿拟定的面值不符邮资而改变

观察海关邮政首套邮票设计图稿、试模样票、彩色试模样票和试印样票及正式发行的全套邮票,不难发现,从初稿到定稿的邮票面值和数字文字经过数次修改。正式发行的大龙邮票放弃了设计图稿拟定的钱银和厘银的面值单位。

1. 设计图稿中龙图面值为5钱银

最初的三种设计图稿以钱、分、厘为面值单位，对应的英文是MACE、CANDARIN、CASH。主图为龙、塔、象三种，每一种图稿的设计者均拟定5种面值备选（图1）。其中龙图面值为1～5钱银，塔图面值1～5分银（英文CANDARIN，未用复数），象图面值1～5厘银。各5种面值是根据主持邮票设计的德璀琳（G. Detring，德国人）的意见拟定的。1877年3月，德璀琳复函赫德（Robert Hart，英国人）关于邮务方案备忘录中说："目前，我已经研究了私营邮政商号目前收取的邮费率。现我建议以下各点为基础制定邮费价目：（1）信件寄往的地点，路程在600华里（200英里）半径之内，每重四钱或不足四钱，收费邮资银3分。信函路程超过600华里，每重四钱或不足四钱，收邮资费银5分。（2）报纸重量不超过四钱，每份收邮资银1分。其他印刷品，重量不超过四钱或不足四钱，不论路程远近，均收费银1分……我已呈交各种邮票图案。这些邮票面值根据颜色和嵌入的中英文文字极易区分。我建议邮票面值为1、2、3、4、5分（银）和1、2、3、4、5钱（银）。"[①] 这段文字表明，德璀琳建议发行分银和钱银面值邮票各5种，而最后只采纳了1、3、5分银三种面值邮票的意见。

设计图稿上的钱银、分银和厘银1～5种面值单位共45个汉字，排列为由左到右，与当时汉字的书写由上而下、由右至左的规矩（1956年1月1日改为主要由左至右横写）不符。

---

① 许和平、张俊桓译，天津市档案馆、中国集邮出版社编：《清末天津海关邮政档案选编》，中国集邮出版社1988年版，第28-29页。

方寸之间的家国情怀

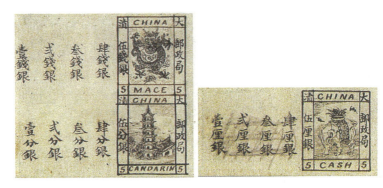

图1　清代海关试办邮政首套邮票设计图稿

2. 试版样票龙图面值改为2钱银

试版样票面值仍以钱、分、厘为单位，龙图面值由5钱银改为2钱银，塔图改为1分银，象图仍为5厘银（图2）。英文MACE、CANDARIN和CASH及铭记CHINA之后都加一点"."。龙图上"弍钱银"之"弍"未用另一个大写汉字"贰"。

图2　清代海关邮政首套邮票图稿试版样票

3. 彩色试版样票龙图再改至1钱银

彩色试版样票面值还是以钱、分、厘为单位，龙图面值再改为1钱银，塔图和象图的面值未改变（图3）。

大龙邮票面值设定与数字文字的演变

图3 清代海关邮政首套邮票彩色试版样票

4. 试版样票确定以龙为邮票主图,以分银为面值单位

决策者最后拍板将三种邮票设计主图统一为一种,即龙图。经反复修改,三种邮票面值在钱、分、厘中取其中一种,以分银为单位,分别为1、3、5分银(图4)。

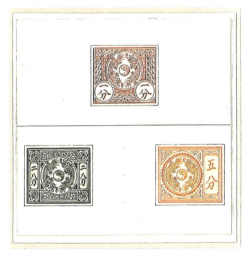 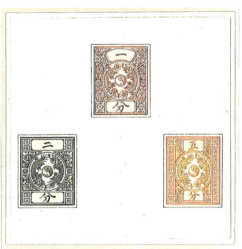

图4 英国德纳罗公司设计的未采用的双龙太极图稿
(横式和竖式,面值分别为1分、2分和5分)

5. 大龙邮票发行前天津海关已公布主要的邮资收费标准

1878年5月1日,天津海关邮政局发布邮资收费公告,从5月15日起,信函每重半英两,北京与天津互寄为3分银,北京、天津与牛庄、烟台和上海互寄为5分银。

(三)英国德纳罗公司设计图稿拟定的面值单位与大龙邮票面值接近

大龙邮票发行前,英国德纳罗(De La Rue)公司设计了以龙为图的未用图稿。1877年6月18日,清政府海关驻伦敦办事处税务司金登干(J. D. Campbell,英国人)呈报赫德由德纳罗公司设计的未被采纳的两套三枚双龙太极图图稿(图5),分直形和横形,面值设定为1分、2分和5分。该图案研究者曲浩然认为,三枚票上的朱红色、绿色和橘黄色刷色正是后来大龙邮票所采用的。

图5 清代海关邮政印制的1分银、3分银和5分银大龙邮票试版样票

(四)大龙邮票似参考了上海工部局工部大、小龙邮票的设计

1865年,上海工部局书信馆发行的首套商埠邮票,俗称"工部大龙",全套九枚。面值单位以海关银两制而定,分为"分银"和"钱银"两种,"分银"对应的英文"CANDAREEN",单数"N"和

复数"S"后面加一点（.），但次年发行的 2 分银、3 分银邮票上的"CANDAREENS"，复数"S"后又未加点。

1866 年，上海工部局书信馆发行第一版工部小龙邮票，全套五枚，以"文"做面值单位。工部大、小龙邮票票面设计九格，安排全部图文。笔者挑选四种邮票图（图 6）进行比较，发现海关大龙邮票上设计九格、形状、面值文字表述、图文安排等与之有雷同之处。

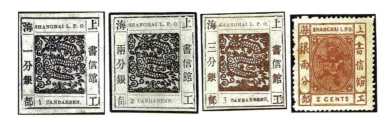

图 6　1865 年上海工部局书信馆发行的全套九枚工部大龙邮票中 1、2、3 分银和 1866 年发行的第一版银 2 分工部小龙邮票

（五）英文中国"CHINA"和分银"CANDARIN"之后加点是英国的用法

英语一句话的末尾和缩略词才用句点。大龙邮票上的"CHINA"和"CANDARIN"之后都加实点（.）的做法源自英国，1840 年英国发行的首套便士邮票上的"ONE PENNY"之后加了点。但是，大龙邮票面值英文单数"CANDARIN"之后加点，而复数"CANDARINS"又未加，是否刻版人员之疏忽，不得而知。1885 年海关邮政发行的小龙邮票，"CHINA"之后仍加点，而"CANDARIN"的单复数之后又未加。1894 年海关邮政发行的慈禧寿辰纪念邮票上的"CHINA"之后未加点，而面值单位英文"CANDARIN"的单复数全部用缩写"CN."。然而，1896 年中国国家邮政建立后，使用改值邮票，如加盖"暂作洋银 1 角"的英文"10 CENTS"和加盖"大清邮政当壹圆"的英文"1 DOLLAR"之后又加了点，表明英文单词之后的实点是可加可不加的。

（六）从设计图稿到邮票印刷用了一年多时间

1877年1月31日，葛显礼（H. Kopsch，英国人）致赫德的信说："我正在准备一个海关试办邮政的方案，搞好之后送请您审阅批准。"① 不久，赫德批准了方案。当年3月，德璀琳复赫德函说，他"已呈交各种邮票图案"。

1878年6月15日，德璀琳致函上海海关造册处赫尔士（德国人）："按照我的请求，并经过前任造册处税务司廷得尔（E. C. Taintor，美国人）先生的批准，拔拉茂坦（B. Palamoutain，英国人，雕刻海关大龙邮票印模）先生已于去年5月间把各种邮票的底版刻好。"这表明邮票设计图稿底版没过多长时间就刻好。据海关文献记载，3分银和5分银面值的邮票于1878年7月印刷，1分银邮票则于8月印刷。1878年8月18日，德璀琳致函雷乐石（Ls. Rocher，法国人）说，1分银邮票"正在印刷中，不久即可印好"②。集邮家刘广实研究认为，3分银、5分银邮票于当年7月29日发行，1分银邮票于9月4日发行。

二、大龙邮票的面值单位以关平银两制设定

关平银两（the Haikwan Tael）为海关货币单位。据中国海关史料记载，关平银两币制源于1858年中英签订的《天津条约》，用于中外通商，1930年被海关金取代。大龙邮票分银面值单位是以关平银两制设定的。清代延续明代遗留下来的货币制度，以白银和铜钱（制钱）作为市场流通货币。银两按重量计值，属称量货币。实银的重量标准为"平"。1878年之前清代币制未统一，平又分库平、关平、漕平和市平等。

---

① 王宏斌：《赫德爵士传》，文化艺术出版社2012年版，第307页。
② 转引自孙志平《大龙邮票发行日期之我见》一文，载《集邮》1980年第3期，第16页。

大龙邮票面值设定与数字文字的演变

库平是清代国库收支使用的标准货币单位，1两等于10钱，相当于37.301克、575.82英厘，1钱等于10分。关平是清代中后期海关使用的一种记账货币单位，属于虚银两，又称关平两、海关两。1两等于10钱银，1钱银等于10分银，1分银等于10厘银。漕平是清政府征收漕粮折色时称量银两的标准，属虚银的一种。漕平1两约为36.66克、567.7英厘。市平是各地市场使用的标准，又分砝平、公估平、钱平和司马平等。

清代海关邮政建立之前，英国（1842年）、法国（1859年）、俄国（1860年）、美国（1865年）、日本（1876年）等列强已在中国先后开设邮局（"客邮"）办理邮政业务。1863年后，英国等国在商埠和租界内设立书信馆发行邮票。因币制不同导致各种邮资标准不一，加上各省民信局邮资以铜钱币制单位"文"计算。如，1877年5月8日，汉南（C. Hannen，英国人）拟写的汕头港邮务（民信局）备忘录载："本埠至天津的信一件，邮费100文……本埠至香港或广州，邮费30文。"①

在银币、铜钱和外国银元币值计资标准混乱、上海等书信馆以及各地民信局资费标准不一的背景下，清代海关开办邮政发行邮票，以国家关平银两制设定三种分银面值单位，使国家邮资第一次通过邮票正式公布，开启了国家邮资标准制度，经过实践探索，为1896年清政府正式建立国家邮政，适时调整国家邮资标准奠定了基础。同年3月20日，半英两信函资费由3分调至4分，其余不变。1897年1月1日，邮资由关平银两制改为银元制。

---

① 天津市档案馆等编，许和平、张俊译：《清末天津海关邮政档案选编》，中国集邮出版社1988年版，第51页。

> 方寸之间的家国情怀

三、大龙邮票面值单位中文数字与"candarin"使用演变

海关大龙邮票面值单位以中文、英文和阿拉伯数字标注。

(一) 中文面值数字文字

中国汉字数字分大写、小写两种。中国人创造了10个大、小写的汉字数字分别为：壹、贰、叁、肆、伍、陆、柒、捌、玖、拾和一、二、三、四、五、六、七、八、九、十。官方文书使用大写数字文字。从海关首套邮票设计的图稿看，当初拟定的面值数字有壹、式、叁、肆、伍等5个大写汉字。大龙邮票试版样票的面值与发行邮票的面值数字相同，均为"壹""叁""伍"。大写汉字数字在大龙邮票上使用之后，与小写汉字数字一起，分别在清代其他邮品、民国邮品上长期使用，一直使用到中华人民共和国成立初期的1951年。之后，大、小写汉字数字不再在国家邮票上使用。

(二) "candarin"一词在邮票和钱币上的使用

"candarin"一词源自马来语"kanduri""kenderi"，词源为泰米尔语"kunri"，意思是甘草植物种子，被用作重量单位，相当于中国的百分之一两。"candarin"一词传入中国后成为清政府海关记账货币单位或重量单位的词汇，与"mace""cash"一起使用。"candarin"对应的汉字分别为"分""分银"和"银分"。"candarin"或"candareen"，后缀分别为"-rin"和"-reen"，意思相同，可替换使用，复数均在"n"后加"s"。"candarin"一词先后在清代海关、海关邮票、地方商埠邮票和地方银币上使用。

(1) 在商埠邮票上的使用。一是在1865年上海工部局书信馆发行的大龙邮票上使用。二是在1875年和1876年上海工部局书信馆发行的第二至五版小龙邮票上使用，其"分银"的英文以"CANDAREEN"的(s)缩略词"CAND."或"CANDS"标注。三

是在重庆信局和宜昌书信馆先后于1893年和1894年发行的商埠邮票上使用，"银分"以"CANDARIN"的单复数表述。

（2）在海关邮票上使用。在1878年、1885年发行的大、小龙邮票和1894年发行的慈禧寿辰纪念邮票上使用，纪念邮票上的"CANDARIN"缩写为"CN."，此后，"CANDARIN"一词退出海关邮票。

（3）"CANDAREENS"退出邮票使用之前出现在库平银币上。1890—1911年，清政府各省铸造的银币采用库平银货币单位，币值数字为小写汉字数字。"分银"对应的英文多为"candareens"（复数），部分用"candarins"（复数）。鸦片战争之前，西班牙银元（俗称"本洋"）和墨西哥银元（"鹰洋"）流入中国，先后在中国各地流行。1836年（道光十六年），清政府不得不承认外国银元在中国流通。1854年后，西班牙银元大量进入中国。一墨西哥银元重量约合库平七钱二分。鉴于外国银元成为主要流通货币的情况，1889年，清政府批准广东省建立铸币厂，次年开始铸造"光绪元宝"银币，面值有"七钱二分""一钱四分六厘"等五种，对应英文"分"为"candareen"，银币背面铸有龙图，俗称"龙洋"。从此，打破了西班牙本洋、墨西哥鹰洋等银元在中国流通的局面。1896年，清政府下令沿江沿海各省亦可自行设局，仿铸广东银元，吉林省、奉天省（今辽宁省）、浙江省、江苏省、安徽省、湖北省、湖南省、四川省、云南省纷纷建立造币厂，以库平银为标准，铸造"光绪元宝"或"宣统元宝"银币，面值多为"七钱二分"，对应阿拉伯数字和英文为"7 MACE AND 2 CANDAREENS"，但吉林省造的银币则用"CANDARINS"。

吉林、江苏、云南三省造的银币币面上还标注"库平"两字（图7）。"candareens"一词最后在银币上使用是1911年广东、江苏、湖北三省铸造的"宣统元宝"上，此后便成为历史名词。当今在英国、美国和中国出版的英语词典上都找不到这个词。

方寸之间的家国情怀

图 7　1898 年清代江南省造的"光绪元宝 戊戌 库平七钱二分"的银币

值得一提的是,"candareens"一词并未被清代国家造币厂接受。北洋机器局造的银币和天津造币厂造的"光绪元宝库平七钱二分"银币,均未采用"candareens",表明清政府的造币厂是不接受外来的文字,包括阿拉伯数字,在银币上使用的。1907 年天津户部造币总厂铸造的"大清银币",以"壹圆"为单位。1910 年,清政府正式将银币单位定为"圆"。

四、大龙邮票与阿拉伯数字

阿拉伯数字 0—9 是由印度人发明,传入阿拉伯地区使用,之后传到欧洲,被欧洲人称为"阿拉伯数字"的。

(一) 阿拉伯数字传入中国的大致时间

周有光认为:"'阿拉伯数码'传到东方可能在中国的明朝或者更早。在日本和中国的教科书中应用大约开始于日本的'明治维新'(1868) 和中国的'辛亥革命'(1911)。"[①]

大龙邮票发行前,阿拉伯数字在英国人把持的海关英文公文、信函和许多英文报刊上使用,清政府的中文文书、学校用的教科书等,一直沿用中国传统的汉字数字。

[①] 周有光:《世界文字发展史》,上海教育出版社 2003 年版,第 459 页。

阿拉伯数字0—9，0是自然数，单数为奇数，双数是偶数。阿拉伯数字虽然书写简单，记忆容易，但晚清政府只接受其用于邮票、钞票。

（二）在晚清邮票、钞票上的使用

1878年海关大龙邮票正式开始使用阿拉伯数字，虽然只用了0—9数字中的1、3、5，但拉开了官方使用阿拉伯数字的序幕。140多年来，中国各个时期的邮政，包括解放区邮政及其发行的邮品均使用阿拉伯数字。在通信过程中，凡能接触到邮票的人，都能接触到阿拉伯数字，因此，中国邮政邮票在宣传、传播阿拉伯数字使用方面发挥了独特的作用。邮票离不开阿拉伯数字，充分体现了阿拉伯数字的地位和作用。中文数字从20世纪50年代初淡出国家邮票后，阿拉伯数字成为邮票面值数字的主角。阿拉伯数字在中国钞票上的使用要比在国家邮票上使用晚20年。笔者查阅了清代各银行发行的钞票、兑换券的图文资料，发现1898年（清光绪二十四年）中国通商银行发行的钞票上开始使用阿拉伯数字做币值数字和流水号码，此外，中外合资华俄道胜银行发行的库平银兑换券以及山海关内外铁路局发行的洋银在同一年使用阿拉伯数字做币值和流水号码，做年份的阿拉伯数字则于1899年才开始使用。

（三）阿拉伯数字是中国邮政与邮票不可或缺的数字文字

阿拉伯数字何年传入中国和何时正式使用，未见有人深入研究。在邮票上看到的阿拉伯数字，即上海工部书信馆于1865年发行的邮票，无疑在此之前一段时间已在工部局内部使用。阿拉伯数字在海关大龙邮票上的使用，开启了中国国家邮票正式使用阿拉伯数字的先河。140多年来，中国邮票与阿拉伯数字结下了不解之缘，如今的中国邮政和邮品已普遍使用阿拉伯数字。除了汉字数字之外，邮政使用最多的数字文字即阿拉伯数字。在中国近代和现代邮政发展史上，阿拉伯数字的作用与影响是显而易见的：它不仅规范了数字文字的书写，也大大节约了使用者的时间，提高了数字书写的效率。

五、结语

在清代货币钞票、银币、铜钱和外国银元币值计资标准不一，上海等书信馆和各地民信局邮资标准各异的背景下，海关试办邮政发行大龙邮票，以关平银两制为邮票的面值单位，从而使国家邮政资费第一次通过邮票正式公布，开创了国家邮资标准制度，奠定了国家邮票面值的地位，为1896年清政府建立国家邮政，适时调整和统一邮资标准打下了基础。由于邮政事业的发展，邮票设计与时俱进，大、小写的中文数字文字退出邮票舞台，英文"candarin"一词在海关邮票和库平银币上被淘汰。随着时间的推移，中国近代、现代邮票的发行，客观上在中国宣传、推广、使用阿拉伯数字方面发挥了独特的作用，具有重要的历史和现实意义。

参考文献

[1] 中国集邮大辞典［G］. 北京：中国大百科全书出版社，1996.

[2] 孙少颖. 中国邮票博物馆藏品集：清代卷［M］. 北京：文物出版社，1988.

[3] 吴凤岗. 中国邮票全集：附录卷［M］. 北京：北京燕山出版社，1995.

[4] 孙少颖. 大龙邮票与清代邮史：清代卷［M］. 台北：台湾商务印书馆，1989.

[5] 中国大龙邮票发行110周年纪念活动组委会. 大龙邮票纪念专集1878—1988［M］. 北京：中国集邮出版社，1988.

[6] 千家驹，郭彦岗. 中国货币史纲要［M］. 上海：上海人民出版社，1986.

[7] 吴雄胜，蒋科. 金银钱币鉴赏与收藏［M］. 合肥：安徽科学技术出版社，2017.

（文／李升平）

勿忘国耻

——谈西方强权在中国开设的书信馆和商埠邮局

1840年爆发的中英鸦片战争,清政府战败,被迫签订了不平等的《南京条约》。

根据中英《南京条约》,中国不但向英国赔偿了2100万银元巨款,割让了香港岛,还将广州、福州、厦门、宁波、上海开辟为通商口岸,允许设立"书信馆"和开设"商埠邮局",并可单独发行"商埠邮票"。从此,西方侵略者打开了中国的国门,使中国由封建社会逐步沦为半殖民地半封建社会。

一、上海工部局书信馆的成立

1842年6月19日,英国侵略者从上海北门进城,进驻城隍庙。从而占领了当时拥有40万人口的江苏省松江府上海城。此后,外国商人与传教士开始进入上海,然而,当时清朝的上海人并不愿意租房给侵略者,官府也不愿意让当地人与洋人混合居住。英国商人与牧师便在黄浦江至河南路(今河南中路)、李家庄(今北京东路)至洋泾浜(今延安东路)间向清政府租地造屋,开办公司,这就是"上海工部局"的雏形。

与此同时,西方帝国主义列强在中国一些通商口岸的租界内,以工部局、社会团体或私人名义设立"商埠邮局",为当地领事、外国商人和传教士服务,其机构名称有的称书信馆,有的称地方邮局。

方寸之间的家国情怀

1863年8月1日，工部局书信馆在南市大东门街开设分馆；1865年9月9日，又在西郊设立分馆；1882年起，又在虹口设立分馆。1867年9月1日起，工部局书信馆与大英书信馆同在南京路22号办公，二者开始了四年的邮政合作期。合作结束后，工部局书信馆搬到22号隔壁的南京路14号营业；1876年起又搬到汉口路9号，1880年将门牌号改为12号，1888年起又改为16号；1894年至1897年10月31日工部局书信馆的最后三年设在河南路8号。

邮权本应是国家主权的一部分，世界上任何真正独立自主的国家是不能容许别的国家在自己的领土上擅自设立邮局并发行邮票的。可是，自中英鸦片战争失败后，中国包括邮权在内的国家主权受到外国殖民主义的践踏。

二、工部局最早发行的商埠邮票

中国最早成立的"商埠邮局"，是1863年7月在上海英租界设立的上海工部局书信馆。鸦片战争后，西方资本主义列强打着"利益均等"的旗号，争相在各开放城市商埠内设立自己的行政管理机构工部局，并在工部局下设立书信馆，负责传递各开放城市之间的邮件。显然，这些书信馆实际上就是帝国主义列强在中国内地各商埠擅自开办的"地方邮局"。

上海工部局书信馆开办初期，以订户制方式传递邮件，即订户每年交纳一定数额的款项，便可享受邮寄信函的便利。非订户如需要邮寄信札，则须另行收费。1865年8月，该馆仿照英国香港邮政总局做法，首次发行了"上海工部局大龙邮票"（图1）。此种邮票票幅较大，中央绘龙画面以龙和祥云为主图，故被称为上海大龙票，系近代中国内地最早出现的邮票。但是它不是清政府发行的，因此也有人认为其不能算作中国真正意义上的第一套邮票。

勿忘国耻

图1　上海工部局第一版大龙邮票（1865年）

此后，南京、福州、厦门、汉口、重庆、九江、宜昌、芜湖、镇江、烟台等通商口岸先后出现了10个书信馆和商埠邮局。

这些书信馆和商埠邮局发行的商埠邮票是资本主义列强肆意侵略中国邮政主权的历史见证，反映了在中国半殖民地半封建社会背景下，西方列强在华开展的剥夺中国自主权的邮政业务。

这些商埠邮局既不向中国地方政府注册，也不受中国地方政府管辖，自立章程，自定邮资，各自发行邮票，所收各地往来的信函、包裹、报纸等却可以相互交换，出口邮件大都经香港转递。在办理邮务之外，多数商埠邮局还以发售邮票为主要营利手段，有的甚至滥印并故意制造变体票、加盖票、欠资票，骗钱敛财。

外国人印发的商埠邮票在中国一度泛滥。直到1896年3月20日，光绪皇帝批准正式开办国家邮政，下令所有商埠邮局、书信馆必须在1897年2月2日之前关闭,这些商埠邮局、书信馆才陆续停止发行商埠邮票并撤离我国。

三、中国人民的反抗

资本主义列强明目张胆的侵略必然引起中国人民的反抗。1851年1月1日,在中国大地上爆发了一次大规模的反抗清政府和外国侵略者的农民运动——洪秀全领导的太平天国运动。

洪秀全等在广西金田起义后,随即北上,长驱直入18个省、600多个城市。在长达13年之久的武装斗争中,为调动军队、接济运输,逐渐形成了一套初具规模、行之有效的公文传递制度,建立起正式的邮政通信机构,其"中央"设有附疏衙,由"朝内"附官主持全国的邮政通信工作。太平天国递送公文水陆兼办,主要运输工具是快船和快马,以水路为主。紧急公文则在封套上加盖"木制云马"圆戳(图3),规定每一小时需要飞驰50里,官称"云马文书"。

图3 "木制云马"圆戳

1859年,总理太平天国朝政的洪仁玕发表了《资政新篇》,提出治国理政方针,其中包括邮政建设的蓝图。他提倡引进盛行于欧美各国的火车之类的先进交通工具带运邮件。"兴车马之利,以利便轻捷为妙,修大路直通各省","二十里立一书信馆","信资计文书轻重,每二十里该钱若干而收"。兴邮亭以通朝廷文书,书信馆以通各色家信,新闻馆以报时事常变……邮亭由国而立。

这些施政建议受到洪秀全的赞赏,特"御批""此策是也,旨准颁行"。可惜,后来因局势多变未能施行。这些没有实践的邮政方略真实地反映了中国人民要求自己创办近代国家邮政的迫切心愿,在中国近代邮政史上极有见地。

(文/孙海平)

第二篇 民国邮票

1911年爆发的辛亥革命推翻了清朝的统治。1912年1月1日中华民国建立，中华民国邮政（简称中华邮政）也随之诞生。自1912年始，至1949年10月1日中华人民共和国成立之时止，历时38年，其间中华邮政共发行普通邮票、纪念邮票、特种邮票、附捐邮票、欠资邮票、航空邮票等几大类邮票。

民国普通邮票

民国邮票是指从1912年1月中华邮政发行的第一套邮票——加盖"临时中立"邮票算起,至1949年新中国成立前发行的最后一套邮票为止的邮票。38年间,共发行普通邮票62套(含清朝蟠龙加盖"中华民国临时中立")、纪念邮票29套、特种邮票3套、航空邮票7套、欠资邮票13套、附捐邮票3套、包裹邮票5套,等等。其中绝大多数是普通邮票。

一、蟠龙邮票加盖普通邮票

普1 伦敦蟠龙"临时中立"加盖邮票——中华民国第一套普通邮票

1911年10月,辛亥革命取得成功。1912年1月1日,中华民国成立,孙中山以临时大总统的身份要求当时的邮政部门发行邮票。而当时邮

普1.1 中华民国第一套普通邮票——伦敦蟠龙邮票加盖"临时中立"邮票

方寸之间的家国情怀

政发行权由法国人帛黎①(Piry)把持，1912年1月30日，帛黎控制的北京邮政总局在清代伦敦版无水印蟠龙邮票上加盖"临时中立"字样，共15种，以此表明邮政主权的中立。南京临时政府外交、交通两部电令帛黎立即停售。该票仅在福州出售四种（红3分、黑1元、黑2元、黑5元），其中黑1元、黑2元各只出售了96枚。

普1.2 四方连

普1.3（1912年2月28日 福州邮戳）

---

① 1911年（宣统三年）5月，邮政从海关改隶邮传部，设邮政总局。帛黎获邮传部尚书盛宣怀推荐，就任邮政总办。但帛黎的英文职称却是Postmasters General，相当于英国、美国的邮政部部长。

普2 伦敦蟠龙邮票加盖"中华民国临时中立"邮票

普2 伦敦蟠龙邮票加盖"中华民国临时中立"邮票

加盖"临时中立"字样的邮票,加盖文字含混不清,既未盖掉"大清邮政",又未加上"中华民国"字样,形成了不伦不类的"大清邮政临时中立"。该邮票甫一发行即遭到社会各界的反对,被迫停止发行。为了节省费用,帛黎于是在1912年3月20日同意在横盖的"临时中立"邮票上直行加盖"中华民国"四个字,与"临时中立"成十字形,组合起来就是"中华民国临时中立"。"中华民国临时中立"加盖票共15种。在汉口、南京和长沙出售了其中八种。这种加盖"中华民国临时中立"的邮票一出售,又遭到社会各界的强烈反对。孙中山先生称这种加盖"有碍国体"。帛黎只得收回此种邮票,由加盖"中华民国"字样的邮票取代。

普2之1—4［1912年,其中民普2.3(面值7分)只出售了492枚,民普2.4(面值1角6分)只出售了200枚］

普3 伦敦蟠龙加盖宋体字"中华民国"邮票

普1、普2这两种不伦不类的蟠龙加盖邮票连同未发行的蟠龙和欠资加盖邮票，各为23枚，把两种加盖邮票作为一大套收集，共46枚，存世罕见，是民国初年著名的珍邮。

1912年3月，帛黎控制的北京邮政总局收回普1、普2这两种不伦不类、有碍国体的蟠龙加盖票，直接在清代伦敦版无水印蟠龙邮票上加盖"中华民国"字样，作为一套新邮票对外发行。

普3 加盖宋体字"中华民国"邮票（全套，1912年）

民国普通邮票

普3.1a（倒盖）　　普3.2a（倒盖）　　普3.4a（倒盖双联）

普3.8b（复盖变体）　　　　普3.2h
　　　　　　　　（原票"壬"字头加复盖变体珍邮）

普4　伦敦蟠龙加盖大"国"字"中华民国"邮票

普4　加盖大"国"字"中华民国"邮票（全套，旧票，1912年）

121

普 4.1f　　　　　　　　　　　　　普 4.1g

（原票"大头壹"变体）　　　　　（原票"壬字头"变体珍邮）

普 5　伦敦蟠龙加盖楷体字"中华民国"邮票

普 5.1　1—14 号为加盖楷体字"中华民国"邮票（旧票，1912 年）

普 5.2　15 号加盖楷体字"中华民国"邮票（新票，1912 年）

二、帆船、农获和牌坊图普通邮票

民国北洋政府交通部成立后，邮政总局为早日发行作为新国家铭记的普通邮票积极做准备，经过反复考虑之后，最终确定并正式于1913年5月发行了帆船、农获和牌坊图普通邮票（俗称"帆船"邮票），这是中华邮政第一次发行普通邮票，共19枚。从1913年到1933年共发行了三版。连加盖改值，一共有以下五套邮票。

普6　伦敦版帆船、农获、牌坊图邮票

普6　1—16号、18号、19号为伦敦版帆船、农获、牌坊图邮票（17号缺）

方寸之间的家国情怀

普6　1—18号为伦敦版帆船、农获、牌坊图邮票（旧票）

北京一版（老版）帆船、农获、牌坊图邮票于1914—1919年发行，共22枚，"民国五珍"之首——北京老版帆船邮票2元"宫门倒印"便出自这套邮票。

民国普通邮票

普7 北京一版（老版）帆船、农获、牌坊图邮票

普7 1—22号为北京一版（老版）帆船、农获、牌坊图邮票（新票）

方寸之间的家国情怀

普7 1—21号为北京一版（老版）帆船、农获、牌坊图邮票（旧票，22号缺）

民国普通邮票

普8 北京二版（新版）帆船、农获、牌坊图邮票

1923—1933年发行，共24枚，发行时间延续了十年之久。按纸质的不同，集邮家马任全先生又把它们细分为两套邮票。

普8 1—22、24号为北京二版（新版）帆船、农获、牌坊图邮票
[全套，厚纸（加拿大纸），旧票]

方寸之间的家国情怀

普8 1—6，8、9，11—24号为北京二版（新版）帆船、农获、牌坊图邮票
[全套，薄纸（法国纸），旧票]

普9 北京一版帆船加盖"暂作"改值邮票

1922—1930年发行，"民国五珍"之北京老版帆船3分改作2分倒盖票便出自这套邮票。

民国普通邮票

普9 北京一版帆船加盖"暂作"改值邮票（全套）

普10 北京二版帆船加盖"暂作"改值邮票

1925—1936年发行，"民国五珍"之北京二版帆船4分改作3分倒盖票便出自这套邮票。

普10 北京二版帆船加盖"暂作"改值邮票（全套）

方寸之间的家国情怀

三、以孙中山先生头像为主图的普通邮票

北伐成功之后，国民政府奠都南京。经第十次国务会议议决，普通邮票图案改印孙中山先生和诸先烈遗像，以示崇敬之情，并表他们的精神永垂不朽。民国62套普通邮票中的以孙中山先生头像为主图的普通邮票基本覆盖了这个时期90%以上的发行份额。这些邮票被广泛用于邮政信函贴用。种类繁多，加盖改值票多于正票。详细论述，请参考本书《细说中华民国的孙中山头像普通邮票》一文。

普11　伦敦一版孙中山像邮票

普11　伦敦一版孙中山像邮票（全套，1931年，"单圈"）

普12　伦敦二版孙中山像邮票

普12　伦敦二版孙中山像邮票（全套，1932年，"双圈"）

普13 北平版烈士像邮票

1932年发行北平版烈士像邮票，主图为六位辛亥革命时期著名人物——邓铿、陈其美、廖仲恺、朱执信、宋教仁、黄兴的头像。

普13 北平版烈士像邮票（全套，1932年）

普14 孙中山像、烈士像加盖"暂作"改值邮票

普14 孙中山像、烈士像加盖"暂作"改值邮票（全套，1937—1938年）

方寸之间的家国情怀

普15　香港中华一版（空心半钮）孙中山像邮票

普15.1　香港中华一版（空心半钮）孙中山像邮票（全套，旧票，1938年）

普15.2　香港中华一版（空心全钮）孙中山像邮票（全套，旧票，1939年）

普16　香港中华二版（实心）孙中山像邮票

普16　香港中华二版（实心）孙中山像邮票（全套，1939年）

民国普通邮票

普17 香港中华二版大东细齿（14度）孙中山像邮票

普17 香港中华二版大东细齿（14度）孙中山像邮票（全套，1939年）

普18 香港中华二版改版孙中山像邮票

普18 香港中华二版改版孙中山像邮票（全套，1940年）

普19 香港中华三版有水印孙中山像及"邮"字水印邮票

民国初期邮票未曾使用水印纸。而在香港印制孙中山像邮票时，采用了在英国定制的带有篆文"邮"字的水印纸。

普19 香港中华三版有水印孙中山像邮票（全套，1941年，有水印）

方寸之间的家国情怀

"邮"字水印

普20 香港大东版孙中山像邮票

普20.1 香港大东版孙中山像邮票（全套，1940年）

普20.2 香港大东版孙中山像邮票（全套，1940年，有水印）及水印展示

民国普通邮票

普21　香港商务版烈士像邮票

普21.1　香港商务版烈士像邮票（全套，1940年）

普21.2　香港商务版烈士像邮票（全套，1940年，有水印）及水印展示

方寸之间的家国情怀

　　中华邮政从 1940 年 9 月 20 日起调整邮资，本埠平信费，每 20 公分由 2 分改为 4 分，国内各地互寄平信邮资每 20 公分由 5 分调整为 8 分。此后，邮资逐步增加，这段时间的普通邮票故事，就从下面这两套加盖"暂作"邮票开始。

　　普 22　香港大东版孙中山像加盖"暂作肆分"邮票

普 22　香港大东版孙中山像加盖"暂作肆分"邮票（全套，1940 年）

　　普 23　香港版孙中山像加盖"暂作叁分"邮票

　　1940 年，香港发行孙中山像加盖"暂作叁分"邮票以做补足国内各地互寄平信 8 分邮资之用。

普 23　香港版孙中山像加盖"暂作叁分"邮票

普24　纽约版孙中山像邮票

1941年发行纽约版孙中山像邮票，著名的"民国五珍"之一"纽约版孙中山像2元中心倒印"邮票就出自这套邮票。

普24　纽约版孙中山像邮票（全套）

普25　香港版孙中山像邮票

普25　香港版孙中山像邮票（全套）

普26　孙中山像及烈士像"改作壹分"邮票

普26　孙中山像及烈士像"改作壹分"邮票（1942年）

普27 孙中山像及烈士像"改作肆角"邮票

普27 孙中山像及烈士像"改作肆角"邮票（1942年）

普28 重庆中信版孙中山像邮票

普28 重庆中信版孙中山像邮票（全套，1942年）

民国普通邮票

普31① 百城一版孙中山像邮票

普31.1 1—7号为百城一版孙中山像邮票（1942—1945年，无齿）

普31.2 8—11、13、14号为百城一版孙中山像邮票（1942—1945年，圆孔齿）

普31.3 9e号为百城一版孙中山像邮票（1942—1945年，中缝漏齿双联变体）

---

① 普29、普30缺。序号不相连，表明收藏未全。余不再注。

方寸之间的家国情怀

普31.4　17—19号为百城一版孙中山像邮票（全套，1942—1945年，点齿）

普33　孙中山像烈士像加盖"改作贰角"邮票

普33　孙中山像烈士像加盖"改作贰角"邮票（1943年，Scott目录编号539i、545k）

普34　百城二版孙中山像邮票

普34　百城二版孙中山像邮票（全套，1944—1946年，有齿版）

民国普通邮票

普35 重庆中华版孙中山像邮票

普35 重庆中华版孙中山像邮票（全套，1944年，Scott目录编号565—573）

普36 邮政储金图邮票

普36 邮政储金图邮票（全套，1944年）

普37 伪暂售票改作"国币"邮票

普37 伪暂售票改作"国币"邮票（全套，1945年，同一枚邮票里面有三种币值）

普39　重庆大东版孙中山像邮票

普39　重庆大东版孙中山像邮票（全套，1945—1946年）

普40　重庆中央版孙中山像邮票

普40　重庆中央版孙中山像邮票（全套，1945年）

普41　伦敦三版孙中山像邮票

普41　伦敦三版孙中山像邮票（全套，1946年）

普42 加盖"国币"改值

1914年北洋政府颁布《国币条例》，确定以银元为中华民国法定货币。1935年，国民政府开始发行法币作为"国币"。下列这一套数目颇大、邮票目录全套总共有86枚的邮票，就是当时在邮票供不应求的情况下，在原票种类非常复杂的普通邮票上加盖"国币"改值使用的。其版本可细分为：上海永宁一次（方框在上）、上海永宁二次（方框在下）、重庆中央、重庆大东、上海大业、广西加盖六种。这里展示的邮票编号是以美国Scott邮票目录顺序排列。

孙中山像、烈士像加盖"国币"改值邮票，1945—1947年发行，全套11枚。这里的烈士是指邓铿、陈其美、朱执信、宋教仁、廖仲恺、黄兴。

普42.1　647、649—651、653—659号

（1945—1947年）

> 方寸之间的家国情怀

普42.2 660、662、663号（1946—1947年）

普42.3 664—679号（1946—1947年）

民国普通邮票

普42.4 680—697、692a号（1946—1947年）

方寸之间的家国情怀

普42.5　699、700号（有水印）及水印展示（1946年）

普42.6　701—711、703var号（移位加盖变体，1946—1948年）

普42.7　713号（有水印）及水印展示（1946年）

民国普通邮票

普42.8　716—721号（1946年）

普42.9　768—774、772a号（1947—1948年）

普43—普47　邮票面值飞速攀升

法币急剧贬值，从而彻底崩溃。邮票面值亦随之飞速地攀升，下列的几套邮票，在一两年间，从1946年的20元到1948年单枚邮票的最高面值达法币500万元……

方寸之间的家国情怀

普43　上海大东一版孙中山像邮票（全套，1946年）

普44　伦敦四版孙中山像邮票（全套，1947年）

民国普通邮票

普45　上海大东二版孙中山像邮票（全套，1947年）

普46　814—819号为孙中山像改值高面额邮票（全套，1948年）

方寸之间的家国情怀

普47　上海大东三版孙中山像邮票（全套，1948 年）

普48　孙中山像及烈士像加盖"金圆"改值邮票

　　由于战争和通货膨胀，物价上涨，法币急剧贬值，1948 年 8 月 19 日，国民政府再次进行币制改革，开始发行金圆券，规定每 1 金圆合国币 300 万元。邮票的印制发行困难重重，故而多次发行加盖改值邮票。下列这一套是自民普 42（孙中山像及烈士像加盖"国币"改值邮票）之后，又一套数目庞大、邮票目录全套总共有 75 枚的邮票，是当时在邮票供不应求的情况下，在原票种类非常复杂的邮票上加盖"金圆"改值使用的。细分为上海大业、上海三一、上海永宁、上海顺发、上海元华、成都、南京和福州加盖八种。但是，金圆券的邮费上涨速度比法币更快，十个月间就上涨 170 万倍，单枚邮票面值从金圆券半分上涨到最高面值金圆券20万元。

普48.1　820—827、827a号（1948年，1/2分—5分）

普48.2　828、829号（1948—1949年）

方寸之间的家国情怀

普48.3　830—841、837a 号（1948—1949 年）

普48.4　842—845 号（1948—1949 年）

民国普通邮票

普48.5　847—859、850a号（1948—1949 年）

普48.6　860—863、861a号（1948—1949 年）

153

方寸之间的家国情怀

普48.7　864—866号（1948—1949年）

普48.8　867—869号（1948—1949年）

普48.9　870、871号（1948—1949年）

普48.10　872—874号（1948—1949年）

民国普通邮票

普 48.11　875、875a 号（1948—1949 年）

普 48.12　876、877 号（1948—1949 年）

普 48.13　878 号（1948—1949 年）

普 48.14　879、880 号（1948—1949 年）

方寸之间的家国情怀

普48.15　880a号（1948—1949年）

普48.16　880b号（1948—1949年）

普48.17　881、882号（1948—1949年）

　　邮票面值在1935年改用法币，1948年改值金圆，1949年以银圆取代价值已近乎废纸的金圆券，但是随着局势的恶化，银圆券亦大幅贬值。邮资不断变化，邮票面值一改再改，使邮票刚印好就不适用，改值邮票大量出现。后来，国统区财政完全崩溃，不得不发行无面值的单位邮票和基数邮票。

民国普通邮票

普49　包裹印纸改作金圆邮票（全套，1948年）

普50　上海大东一版孙中山像金圆邮票（全套，1949年）

普51　上海中央版孙中山像金圆邮票（全套，1949年，"邮"字与普50稍异）

157

方寸之间的家国情怀

普52　印花税票改作"金圆"邮票（1949年，各地加盖）

普54　上海大东二版孙中山像金圆邮票（全套，1949年）

民国普通邮票

普55　重庆华南版孙中山像金圆邮票（1949年）

普56　上海大东版单位邮票（1949年，国内信函费）

普58　印花税票加盖"中华邮政"改作基数邮票（1949年）

方寸之间的家国情怀

普59　重庆华南版孙中山像基数邮票（1949年）

普60　香港亚洲版单位邮票（1949年）

普62　广州加盖孙中山像金圆改作"银圆"邮票（1949年）

（文/黄绍锵）

民国纪念邮票

辛亥武昌起义成功推翻清朝,孙中山先生就任中华民国临时大总统,计划发行光复暨共和纪念邮票两套。光复纪念邮票以孙中山大总统像为图案,共和纪念邮票则绘中国地图,图中刊"大中华民国"五字。1912—1949 年间,民国政府的邮政部门一共发行了 29 套纪念邮票。

纪1　中华民国光复纪念邮票

纪1　中华民国光复纪念邮票

纪3　中华邮政开办25周年纪念邮票

1921年，为纪念中华邮政开办25周年，以当时之大总统徐世昌（中）、国务总理靳云鹏（右）、交通总长叶恭绰（左）三人之肖像为图案发行了一套邮票。

纪3　中华邮政开办25周年纪念邮票

纪4　宪法纪念邮票

1923年，直系军阀曹锟贿选获任大总统，同时公布其一手炮制的"宪法"，并发行纪念邮票。因该版"宪法"是国会在北京天坛开会时制定的，故以天坛祈年殿为邮票中心图案。此票发行后，各方反应不佳，粤、桂、滇、黔四省均拒用，于是很快停售。

纪4　宪法纪念邮票

纪7　孙总理国葬纪念邮票

孙中山先生于1925年3月12日病逝，暂殡北京西山碧云寺。国民政府统一全国后，奠都南京。1929年移灵国葬于南京紫金山，特印制纪念邮票，于1929年发行。

纪7　孙总理国葬纪念邮票

纪8　西北科学考查团纪念邮票

1932年，瑞典考古学家斯文·赫定博士来华，与徐炳昶、刘半农教授等组织西北科学考查团，前往蒙古、新疆、甘肃等地考察文化古迹。因经费不足，由国立中央研究院公函洽准交通部，特为发行纪念邮票一套。除由南京、上海、北平、广州、汉口各邮局发售少量外，余均照票面值售与该团，由该团加价转售于集邮人士，所得盈余，即作为补助该团之经费。纪念票图案为北平故宫博物院所藏元代名画《平沙卓歇图》，票上除刊"西北科学考查团纪念"外，还刊有该团拉丁文名称及该团预定考察之年限的"1927—1933"。画家姓名不详。

纪8.1　西北科学考查团纪念邮票（新票）

方寸之间的家国情怀

纪8.2　西北科学考查团纪念邮票（旧票，四方连）

纪9　谭延闿纪念邮票

为纪念国民政府前行政院院长谭延闿,邮政部门于1933年发行谭院长纪念邮票。

纪9　谭延闿纪念邮票（1933年）

纪11　中华邮政开办40周年纪念邮票

自1896年大清邮政创立,至1936年,中华邮政走过40年历程,特发行中华邮政开办40周年纪念邮票。

纪11　中华邮政开办40周年纪念邮票（1936年）

纪12　美国开国150年纪念邮票

民国政府于1939年发行美国开国150年纪念邮票,由纽约美国钞票公司印刷。每枚邮票下边均刊有"美国钞票公司"六个小字。

纪12　美国开国 150 年纪念邮票（1939 年）

纪13　中华民国创立 30 周年纪念邮票

为庆祝中华民国创立 30 周年，国民政府于 1941 年发行纪念邮票。时值抗战期间，未曾印制新票，将库存香港版孙中山像及先烈陈其美、邓铿、朱执信、宋教仁像普票加盖以申庆祝。

纪13　中华民国创立 30 周年纪念邮票（1941 年）

民国纪念邮票

纪14　中国国民党50年纪念邮票

1894年11月24日兴中会在檀香山成立。1905年，兴中会联合华兴会、光复会等几个重要的革命团体，于日本东京组建中国同盟会。1911年10月10日，革命党人领导的武昌起义，获各省响应，最终致清宣统皇帝溥仪逊位成功，结束了中国两千多年的封建帝制。1912年1月1日，中华民国成立，是为亚洲第一个民主共和国。8月25日，革命党人联合数个小型政党组成国民党。1913年年初，国民党于全国选举中在参议院与众议院皆获最多席次，成为国会最大党。同年3月20日，宋教仁被暗杀。7月12日，孙中山等人发动二次革命，旋即失败。1914年7月，孙中山等人于东京另组中华革命党。1919年10月10日，孙中山将中华革命党改组为中国国民党。在中国国民党的传统中，将兴中会至中国国民党的发展历史视为一脉相承，故以兴中会成立的1894年作为中国国民党的创党之年。

纪14　中国国民党50年纪念邮票（1944年）

方寸之间的家国情怀

纪15　孙中山逝世20周年纪念邮票

1945年，孙中山逝世20周年，邮政部门发行孙中山逝世20周年纪念邮票，以其于1924年冬途经天津时所摄肖像为图案。

纪15　孙中山逝世20周年纪念邮票（1945年）

纪17　林森纪念邮票

为纪念抗战时期在重庆因车祸逝世的国民政府前主席林森①，邮政部门于1945年发行林故主席纪念邮票，由纽约美国钞票公司印刷。

---

①　林森（1868—1943），原名林天波，字长仁，号子超，晚年自号青芝老人，别署百洞山人、啸余庐主人等，福建闽县（今福建闽侯）人，近代政治家。曾参加反对割让台湾斗争，并加入兴中会、中国同盟会。辛亥革命后，因其对革命的贡献被举为民国开国参议院议长。1931年12月23日，接替因九一八事变下野的蒋介石而任国民政府主席。抗战全面爆发后，林森率员迁都重庆。1943年8月1日因车祸在重庆逝世。

民国纪念邮票

纪 17　林森纪念邮票（1945 年）

纪 21　国民大会纪念邮票

国民政府遵照孙中山遗嘱召开国民会议，实施宪政。最初原定于民国二十四年（1935）3 月召开国民大会，后来代表选举未能顺利举行，延期至民国二十六年（1937）11 月，也未能召开。后来决定于民国三十五年（1946）11 月 12 日举行，又延期到 15 日，在南京国民大会堂正式揭幕，出席代表 1300 余人，讨论宪法，宪法条款于 12 月 25 日全部修正通过。

纪念票以会议所在地南京国民大会堂全景为图案，左右两边各绘国花七朵。由上海大东书局印刷厂印刷，印刷全张为 50 枚（10×5）。此票原定于 11 月 12 日国民大会开幕之日发行，后来大会延期，经分电各地邮局改期发售，只有边远邮局所未能适时收到电令，仍照原定日期出售。

纪 21　国民大会纪念邮票（1946 年）

纪22　国民政府还都纪念邮票

抗日战争初期，国民党军队在正面战场节节败退，1937年12月南京失陷，国民政府内迁到重庆。抗日战争胜利后，1946年国民政府迁回南京。1947年，邮政部门发行还都纪念邮票一套。全套共五枚。

纪22　国民政府还都纪念邮票（1947年）

纪23　教师节纪念邮票

抗日战争胜利后，国民政府根据教育部的申请，以孔子为万世师表，将每年的孔子诞辰日（9月28日）定为教师节，并在1947年发行邮票以志纪念。邮票全部以孔子事迹为图案，分印四种面值。500元：孔子头像；800元：孔子讲授堂遗址杏坛，相传为孔子授徒讲学之所；1250元：孔子墓，墓前石碑原刊"大成至圣文宣王墓"；1800元：孔庙殿宇大成殿。其中，第一枚孔子像邮票尤其受到邮政部门官员的重视。这套教师节邮票可以算是中国第一套教师节题材的邮票。

纪23　教师节纪念邮票（1947年）

纪24 台湾光复纪念邮票

根据甲午中日战争后签订的《马关条约》，台湾被割让给日本，沦陷50年，直至中国抗战胜利光复。1945年10月25日，在台北市中山堂光复厅举行受降仪式，台湾复归祖国怀抱，国民政府定此日为台湾光复节。邮政部门由此发行纪念邮票，于1947年、1948年分两次发行。

纪24 台湾光复纪念邮票（1947、1948年）

纪25 邮政总局成立50周年纪念邮票

1896年，中国正式开办国家邮政，至1946年为50周年。邮政部门原拟发行纪念邮票，因过了节点，将开办国家邮政五十周年改为邮政总局成立五十周年。

全套共五种面值，分绘三种图案。

100元：中间绘地球和中国地图，上面绘飞机，左边为火车，右边为轮船，以示今日世界各地，因新式交通工具之联络，交往日趋迅速频繁。

200元及300元：绘邮车一辆行驶于沿山公路，另有邮差一人，背负邮袋，徒步行走于崎岖山径。

400元及500元："中华民国邮政总局成立五十周年纪念"16字分两直行列于票的中央，将票面等分为两部分，右边绘飞机1架，左边绘帆船一艘。

方寸之间的家国情怀

以上 5 种票面均刊有 "1896" 及 "1946" 两个年份，且以 "五十" 两字做边框，寓 50 周年之意。

纪25　邮政总局成立50周年纪念邮票（1947年）

纪26　中华民国宪法纪念邮票

1946 年 11 月 15 日在南京召开国民大会，12 月 25 日通过中华民国宪法。国民政府于 1947 年元旦公布，并定于同年 12 月 25 日开始施行。

中华邮政为国民政府制定的 "新宪法" 发行纪念邮票一套。全套共三枚。主图为国民大会堂。香港中华书局雕制原模，大东书局上海印刷厂印制，印刷全张为 100 枚（2×5×10）。

纪26　中华民国宪法纪念邮票（1947年）

纪 27 邮政纪念日邮票展览纪念邮票

1878年3月20日，清代政府批准海关扩大办理邮务。该年成立了海关邮局并发行了我国首套邮票——海关大龙邮票。因此，中华邮政将3月20日定为邮政纪念日。1948年，为纪念我国开办现代邮政及首套邮票发行70周年，在南京、上海举办邮票展览会。中华邮政为此发行纪念邮票。主图为光复纪念邮票和邮政开办七十周年纪念邮票。有齿票和无齿票各两枚，刷色略有不同。

纪27 邮政纪念日邮票展览纪念邮票
(1948年，全套只有5000元一种面值，另有无齿孔票同时发行)

纪 28 国营招商局成立75周年纪念邮票

招商局为我国历史最悠久、规模最宏大的轮船运输公司，创立于1872年，1947年为该局成立75周年，邮政局发行纪念邮票一组四枚，由大东书局上海印刷厂印制，于1948年8月16日发行。图案分横直两种。横式：40000元及60000元，绘航行中的江亚轮，左下角刊"1872"，右下角刊"1947"。印刷全张为50枚（10×5）。直式：

20000 元及 30000 元，绘新旧式轮船各一艘，以示今昔运输航轮之比较，下端中央印"1872—1947"字样。印刷全张为 50 枚（5×10）。

纪28　国营招商局成立 75 周年纪念邮票（1948 年）

纪29　国际联邮会 75 周年纪念邮票

19 世纪中叶，世界各国文化与商业飞速发展，国际交通逐渐频繁，国际邮政联合运动因应此形势而演进为各国邮政间的联合。1874 年 10 月 9 日，于瑞士首都伯尔尼举行会议，22 个国家代表到会。会上通过条例，规定普通信函重量单位，确立资费划一原则，并创设邮政总联盟，国际集邮组织至此正式奠立（1878 年改为万国邮政联盟）。其后每隔若干年，万国邮政联盟代表大会轮流在各国首都开会一次。

纪29　国际联邮会 75 周年纪念邮票（1949 年）

（文/黄绍锵）

民国特种邮票和附捐邮票

1912—1949年，一共发行了特种邮票三套，附捐邮票三套，欠资邮票13套。

一、特种邮票

特1 节约建国邮票（另小全张）

特1 节约建国邮票（全套，另小全张一枚，1941年）

方寸之间的家国情怀

特1　节约建国邮票小全张（1941年）

特2　行动邮局及邮亭邮票

特2　行动邮局及邮亭邮票（全套，1947年）

民国特种邮票和附捐邮票

特3 北平风景图银元邮票

特3 北平风景图银元邮票（全套，1949年）

二、附捐邮票

附捐1 帆船加盖"附收赈捐"邮票

新票

旧票

附捐1 帆船加盖"附收赈捐"邮票（全套，1920年，新、旧票）

附捐 2　赈济难民附捐邮票（另小全张）

附捐 2.1　赈济难民附捐邮票（全套，1944 年，另小全张一枚）

附捐 2.2　赈济难民附捐邮票小全张（1945 年加盖）

附捐 3　资助防痨附捐邮票

附捐 3　资助防痨附捐邮票（1948 年，全套，有齿孔票和无齿票）

民国欠资邮票

1912—1949 年，中华民国邮政一共发行了欠资邮票 13 套。

欠2　加盖宋体字"中华民国"欠资邮票

欠2　加盖宋体字"中华民国"欠资邮票（1912 年，其中一枚倒盖）

欠3　加盖楷体字"中华民国"欠资邮票

欠3　加盖楷体字"中华民国"欠资邮票（1912 年）

方寸之间的家国情怀

欠 4　伦敦版欠资邮票

欠 4　伦敦版欠资邮票（全套，1913 年）

欠 5　北京一版欠资邮票

欠 5　北京一版欠资邮票（全套，1915 年）

欠6　北平第二版欠资邮票

欠6　北平二版欠资邮票（全套，1932年）

欠7　香港大东版孙中山像加盖"暂作欠资"邮票

欠7　香港大东版孙中山像加盖"暂作欠资"邮票（全套，1940年）

欠8　香港版欠资邮票

欠8　香港版欠资邮票（全套，1940年）

欠 9　中信一版欠资邮票

欠 9　中信一版欠资邮票（全套，1944 年）

欠 10　中信二版欠资邮票

欠 10　中信二版欠资邮票（全套，1945 年）

欠 11　上海大东版欠资邮票

欠 11　上海大东版欠资邮票（全套，1947 年）

欠12　伦敦二版加盖改值欠资邮票

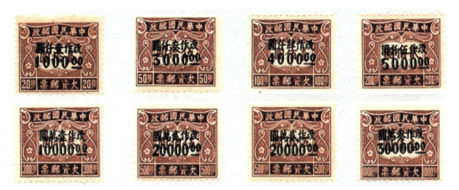

欠12　伦敦二版加盖改值欠资邮票（全套，1948年）

欠13　重庆中央版孙中山像加盖"改作欠资"金圆邮票

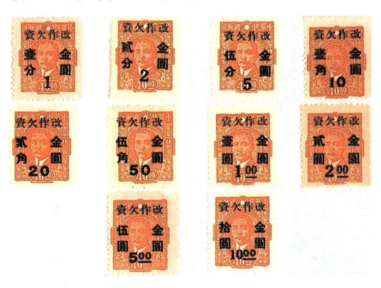

欠13　重庆中央版孙中山像加盖"改作欠资"金圆邮票（全套，1948年）

（文/黄绍锵）

民国航空邮票
——如何分辨几个版本

在广州市地方志馆特藏室内，除了民国纪念邮票、特种邮票和附捐邮票大全套之外，还可以看到航空邮票的大全套。

一、前言

1921年7月1日，北洋政府中国航空署开办京沪航线，先开辟北京至济南段，航空邮务自此开始。中国第一套航空邮票是在同日发行的，即飞机在长城上空飞翔图案的邮票。中心图案为一架双翼飞机，飞越万里长城上空，机尾绘五色旗徽，通称"首次航空"邮票。1924年，北洋政府计划开办北京至奉天（今沈阳）航线，因此由北京顺天时报馆石印了一套"京奉空中邮运开航纪念邮票"，图案为展翅飞翔的鸟、北京天坛和奉天喇嘛塔。全套邮票共三枚。后该航线因故未能开航，这套邮票也未发行。这是民国唯一一套未发行的航空邮票。

京奉空中邮运开航纪念邮票

民国航空邮票

民国航空邮票一共有七套，需要分辨的版本分别是：航1与航2；航3与航4（其中航4有两个版本）；航7之中的航7.7与航7.8的两枚邮票；航5和航7邮票定位。

二、航1与航2的区别

分辨航1与航2很简单，只需看飞机尾：航1机尾绘五色旗徽，航2的飞机尾部有圆形的徽图。

航1　北平一版航空邮票（全套）

航2　北平二版航空邮票（全套）

方寸之间的家国情怀

航 2　北平二版（全套，胶州邮戳）

三、怎样区分航 3 与航 4.1、航 4.2

航 3　1—10 号为北平三版航空邮票（全套）

民国航空邮票

航4.1　1—10号为香港版航空邮票（全套，有"邮"字水印）

航4.2　1—10号为香港版航空邮票（全套，无水印）

分辨航3与航4.1、航4.2，看"票"字。航3的"票"字之中的"示"笔划相连。航4.1、航4.2的"票"字之中的"示"笔划是不相连的。

笔划相连的"示"　　　　　"邮"字水印

四、航5：重庆加盖"国币"航空改值邮票

第五套航空邮票是在北平三版航3、香港版航4.1和航4.2这三套邮票上加盖改值的。这套在重庆加盖"国币"的邮票，其定位颇费周章。

航5　重庆加盖"国币"航空改值邮票（全套）

航 5.1—5.5、5.7—5.12，定位如下：

　　航 5.1 加盖于 4.3　　航 5.2 加盖于 4.13　　航 5.3 加盖于 3.1
（票字的"示"笔划相连）

　　航 5.4 加盖于 4.1　　航 5.5 加盖于 4.11　　航 5.7 加盖于 4.12

　　航 5.8 加盖于 4.2　　航 5.9 加盖于 4.9　　航 5.10 加盖于 4.19

　　航 5.11 加盖于 4.10　航 5.12 加盖于 4.20

五、航 6：上海版航空邮票

航 6.1　上海版航空邮票（全套）

六、航 7：上海加盖"改作"改值航空邮票

　　这套在上海加盖"国币"的第七套航空邮票定位也不容易，是在北平三版航 3、香港版航 4.1 和航 4.2、上海版航 6 这四套邮票上加盖改值的。

方寸之间的家国情怀

航7　上海加盖"国币"航空改值邮票（全套七枚及枚组外品）

航7.1—7.6、7.8 定位如下：

航7.1 加盖于4.3　　航7.2 加盖于4.13　　航7.3 加盖于6.1
航7.4 加盖于4.12　　航7.5 加盖于4.17　　航7.6 加盖于4.16
航7.8 加盖于4.18

航7.7　加盖于3.8（珍邮，"票"字的"示"笔划相连）

（文/黄绍锵）

民国珍邮欣赏

一、有碍国体的"临时中立"加盖邮票

1912年年初,孙中山在南京建立临时政府,创立中华民国,清政府发行的邮票自此不能再用。孙中山以临时大总统的名义要求邮政部门发行新的邮票。

当时邮政发行权由法国人帛黎把持,帛黎抱着邮政中立的态度,居然令上海邮政供应股在清代蟠龙邮票及欠资邮票上加盖"临时中立"字样后出售使用。此举遭到了中华民国临时政府和社会各界的反对,孙中山要求立即停发加盖"临时中立"的邮票,可以清代邮票加盖"中华民国"字样暂用。这就是后来发行的"中华民国"加盖邮票,按字体可以分为楷体、宋体等加盖版本。

然而,闹剧并没有就此结束,"临时中立"邮票停售后,全部缴回上海。但帛黎却借口节约经费,在已横盖"临时中立"的邮票上,用宋体字再竖盖"中华民国"四字,与原加盖的"临时中立"呈十字交叉,形成了"中华民国临时中立"字样。孙中山称这种加盖有碍国体,要求立即停售。至此,这一闹剧才落下帷幕。由于加盖有"临时中立"和"中华民国临时中立"字样的邮票出售时间很短,数量极为稀少,因而十分珍贵。

加盖有"临时中立"票仅在福州出售四种(红/3元、黑/1元、黑/2元、黑/5元),其中黑/1元、黑/2元各只出售了96枚。加盖"中华民国临时中立"字样的邮票在汉口邮局仅出售了1分、3分、7

方寸之间的家国情怀

分、1角6分、5角、1元、2元和5元，共八种。南京邮局仅出售了1分、3分、1角6分、1元、2元和5元共六种。长沙邮局仅出售了1分票。其中黑/2元、黑/5角、黑/5元各只出售了87枚、93枚、52枚。

这两种不伦不类的蟠龙加盖票连同未发行的蟠龙和欠资加盖票，各为23枚，把两种加盖票作为一大套收集，共46枚。世所罕见，是民国初年著名的珍邮。该票的大全套存世不超过五套。

正式发行的两套加盖"临时中立"的邮票

两种加盖票（共46枚）

二、民国光复邮票

中华民国光复纪念邮票

这套邮票是中华民国首发的纪念邮票，于1912年12月15日发行，邮票目录将"光复纪念"邮票列为"民纪1"以示对孙中山的尊敬。这套邮票由美国籍技师赫琪、格兰设计雕刻，由北京财政部印刷局印制。图案格式：中央为人像；像框两侧绘稻穗两枝。

面值2元的中华民国光复纪念邮票尤其稀罕。由于历史的原因及政治形势的变化，这套邮票发行时间短暂且存世量少，因而变得尤为珍贵。

三、"民国五珍"

"民国五珍"是指中华邮政发行的五种特定的名贵邮票,与清代"前四宝"相对,又被称为"后五宝"。"民国五珍"是由错体票和变体票组成的。

1915年,中华民国邮政再次发行普通邮票,全套22枚,图案分别为帆船、农获、牌坊(国子监为封建时代学宫,国子监牌坊又称"宫门")。由于印刷错误,这套票中2元面值的票面出现了中心倒印变体,又由于邮票的印制和检查比较严密,流出来的"宫门倒印"票便十分稀罕了,因此,"宫门倒印"邮票位居"民国五珍"之首。

民普7.19a "宫门倒印"邮票

"民国五珍"除"宫门倒印"邮票外,还包括1915年北京老版帆船加盖"限新省贴用"误为"限省新贴用"一元票、1923年北京老版帆船3分改作2分倒盖票、1925年北京新版帆船4分改作3分倒盖票和1941年纽约版孙中山像倒印票。

方寸之间的家国情怀

民新普1.16a

民普9.2a

民普10.5a

民普24.13a

（文/黄绍锵）

帆船邮票
——首印国家铭记的民国邮票

帆船邮票是辛亥革命后，中华邮政正式发行的印有国家铭记的第一套普通邮票。在此之前的一年内，国内是用清朝邮票加盖权宜使用。北洋政府交通部成立后，邮政总局为早日发行作为新国家铭记的普通邮票积极做准备，经过反复考虑之后，最终确定并正式发行了帆船、农获和牌坊图普通邮票，从1913年到1933年共发行了三版。连加盖改值，一共有以下五套邮票。

帆船邮票有三种图案：半分至1角票主图为一艘满帆的帆船，背景为黄河大铁桥，一列火车飞驶而过，象征交通运输；1角以上1元以下票背景为天坛祈年殿，近处为一正在收割庄稼的农民，象征以农立国；元数票的图案是北京国子监二门里的琉璃牌坊，国子监是封建时代的学宫，故该票又称"宫门票"，象征礼仪治国。集邮界为简便起见，将这三种图案的票统称"帆船票"。

笔者第一次看到帆船邮票的时候，被吸引的程度不亚于第一次见到大龙邮票。一枚小小的邮票上的河流、山川、农夫、宫门，深深激起了游子对祖国母亲的思念之情。于是对帆船邮票见一枚收藏一枚。为了收集它们，不得不节衣缩食，长途跋涉，从不错过邮票展销会的每一个机会。日积月累，集腋成裘，几年之后，除了个别无缘一见、贵重到超过自己经济承受能力的之外，不知不觉已将三版五套帆船邮票的大部分收集到了。数量大、不容易分辨的帆船邮票是收藏中最费时间、最费精力的部分。

方寸之间的家国情怀

集邮界有一个共识，就是普通邮票比纪念邮票、特种邮票更难收集，因为普通邮票虽然发行量不小，但是损耗更大，特别是年代久远的普票，存世量很少。

新票

旧票

伦敦版帆船邮票（1913年，新、旧票）

帆船邮票

新票

旧票

北京一版帆船邮票（1914—1919 年，新、旧票）

方寸之间的家国情怀

北京二版帆船邮票，1923—1933年发行，共24枚，发行时间延续了10年之久。按纸质的不同，集邮家马任全先生又把它细分为两套邮票。这套邮票的大全套如下。

北京二版帆船邮票（全套，加拿大厚纸）

北京二版帆船邮票（全套，法国薄纸）

帆船邮票

北京一版帆船加盖"暂作"改值邮票（全套，1922—1930年）

北京二版帆船加盖"暂作"改值邮票（全套，1925—1936年）

从民国三版帆船邮票的区分可见，伦敦版、北京一版、北京二版这三套邮票中，伦敦和北京一版区别较小，分辨起来相对难些，而第三套变化较大，比前两套邮票更容易识别。

方寸之间的家国情怀

伦敦版	北京一版	伦敦版/北京一版	北京二版

"国"字左竖直	"国"字左竖顶端向右弯	顶部小珠有细线	顶部小珠无细线
伦敦版	北京一版		

"邮"字第一笔成三角形	"邮"字第一笔为平划	顶部花饰有细线	顶部花饰无细线

左足跟有一白线 镰刀与稻子相连 左足与地上黑线相连	左足跟无白线 镰刀与稻子不相连 左足与地上黑线不相连	中华民国邮政 下为双线	中华民国邮政 下为单线

圆字上横及 右竖均平直	圆字上横及 右竖均弯曲	中文数值下为直线 英文Cts两点为圆形 两旁柱形框内之底 纹为横线	中文数值下为五小珠 英文Cts两点为方形 两旁柱形框内之底 纹为网格型

宫门中间顶之 下为长方形	宫门中间顶之 下为椭圆形		

伦敦版、北京一版与北京二版帆船邮票的区别

（文／黄绍锵）

细说民国孙中山像普通邮票

一、缘起

孙中山像普通邮票在民国普通邮票中占据主导地位,经历了这样一个过程:1911年10月辛亥革命取得成功,次年1月1日孙中山在南京组建临时政府,要求当时的邮政部门发行邮票。由法国人帛黎把控的北京邮政总局持观望态度,1912年1月30日,其指示在清代伦敦版无水印蟠龙邮票上加盖"临时中立"字样,表明邮政权的中立。加盖"临时中立"邮票文字含义不清,既未盖掉"大清邮政",又未加上"中华民国"字样,形成了不伦不类的"大清邮政临时中立"。该票由于孙中山先生的立即抗议而被停止发行后,帛黎为了节省费用,下令于1912年3月20日在横盖的"临时中立"邮票上直行加盖了"中华民国"四个字,与"临时中立"呈十字形,形成"中华民国临时中立"字样;这种加盖"中华民国临时中立"的邮票同样遭到社会各界的强烈反对,孙中山先生称这种加盖"有碍国体",帛黎只得收回此种邮票,遂由加盖"中华民国"字样的清代伦敦版无水印蟠龙邮票(共三版)取代。北洋政府交通部成立后,邮政总局从1913年到1933年正式发行了三版连加盖改值一共五套帆船、农获和牌坊普通邮票(统称"帆船邮票")。

北伐成功之后,国民政府奠都南京。各界认为中国邮票不应像先前的十个版本都加印英文而有损国体,从此邮票上只用中文一种文字。图案改印孙中山先生和诸先烈遗像,以表崇敬之情,并象征他们的精神永垂不朽。1931年开始发行的普通邮票，主图绝大多数是孙中山先生和民国烈士头像，而其中的大多数是孙中山像普通邮票。邮票面值表示的币制按照时间顺序分别是银元、国币（法币）、金圆券和银圆券，最后是基数邮票。

孙中山像普通邮票以1931年11月以后发行的伦敦一版、伦敦二版为开端，逐渐在民国普通邮票中占据主导地位。发行量最大，种类最多。

这段时间孙中山像普通邮票发行了伦敦四个版本、香港中华四个版本、香港大东两个版本、纽约版、中信版、百城两个版本、重庆中华版、重庆大东版、重庆中央版、重庆华南金圆版、重庆华南基数版、上海大东三个版本、上海大东金圆两个版本、上海中央金圆版等25种版本之多。这些邮票后来不断被加盖改值或限地方贴用，使用范围很广，这些加盖邮票的内容就不详细论述了。

在众多的孙中山像普通邮票当中，孙中山肖像有左视、正视、右视，西装与中山装，单圈与双圈，窄版与宽版，整徽与缺徽，空心与实心，全钮与半钮，线式齿与梳式齿等的区别。这些细小的差别给识别带来不小的困难，集邮爱好者初次遇见时颇有堕入"五里雾中"之感。但总体而言，孙中山肖像普通邮票设计用心，注重质量，精雕细琢。民国孙中山像普通邮票还有"三多"——大套票多、加盖改值邮票多、限地方贴用邮票多，因此全部收集起来不容易。

下面将民国孙中山像普通邮票的各种版本以发行时间为顺序一一道来。所列邮票均以上海建军邮社的中华民国邮票目录的编号定位。依次为伦敦版—香港版—纽约版—中信版和百城版—重庆版—抗战后期和胜利后的伦敦版和上海版—高通胀年代的孙中山像普通邮票。

二、伦敦版孙中山像普通邮票

普通邮票必须发行大套票，以适应邮资的不断变化，才能满足邮政业务的需求。

伦敦一版孙中山像邮票，徽内为单圈。可细分为窄版和阔版，又有"凹缺徽"版。版模变化复杂，马任全先生的《国邮图鉴》一书对此有详细论述。

普11　伦敦一版孙中山像普通邮票（全套，1931年）

伦敦二版孙中山像邮票，置于上方的徽内应该为单圈，却被英国的德纳罗印刷公司①（De La Rue）误印为双圈。双圈版本印刷在前，发行却在单圈版本之后。

普12　伦敦二版孙中山像普通邮票（全套，1932年）

---

①　德纳罗印刷公司（De la Rue）是一家有两百余年历史的老牌印刷企业。从印刷报纸慢慢扩展到扑克牌、邮票，最后扩展到垄断了世界上多数国家钞票、护照、身份证、邮票的印刷业务的超级公司。

方寸之间的家国情怀

1937—1939 年间，由于邮资变化造成缺少相应面值的邮票，于是加盖某种面值邮票与先前邮票搭配使用。

普 14　孙中山像、烈士像加盖"暂作"改值邮票（全套，1937—1938 年）

孙中山像普通邮票被加盖改值，其过程经历三个阶段：第一阶段因搭配而加盖改值，如加盖"暂作壹分""暂作捌分""暂作壹角"等，可以理解为物尽其用的节俭行为；可第二阶段却是为了应对通货膨胀，因提高邮资收费而加盖改值，如加盖"国内平信附加已付""改作伍角""划线伍角""改作贰角"等；第三阶段因币制改变而加盖改值。民国政府发生过四次货币变更：第一次于 1933 年 3 月 10 日实行"废两改元"，一切收付概以银元计算；第二次于 1935 年 11 月 4 日废止银本位制，使用法币；第三次于 1948 年 8 月 14 日停止使用法币，发行金圆券，每一金圆券换法币三百万元；第四次于 1949 年 7 月 1 日在广州发行银圆券，一银元换五亿元金圆券，邮票上加盖"改作"国币、"改作"金圆、"改作"银元等，货币贬值一次比一次严重，币制改变一次比一次短命。由于篇幅所限，大部分加盖改值和限地方贴用的普通邮票介绍从略。

三、香港版孙中山像普通邮票

香港中华一版孙中山像邮票有两个版本，即空心半钮和空心全钮。空心半钮的纽扣只有半圈，全套三枚，1938 年发行。空心全钮即全纽扣，齿孔又分梳式和线式两种，全套两枚，1939 年发行。

普15.1 香港中华一版（空心半钮）孙中山像（全套，1938年）及空心半钮示意

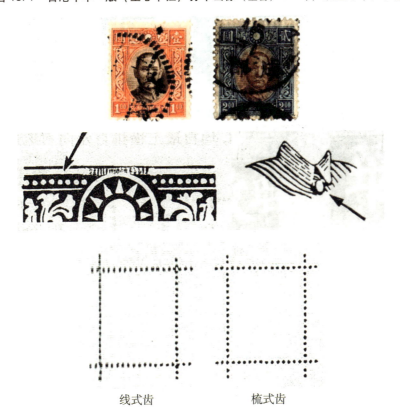

线式齿　　梳式齿

普15.2 香港中华一版（空心全钮）孙中山像（全套，1939年）及空心全钮、齿孔比较

> 方寸之间的家国情怀

香港中华二版实心粗齿（全套，1/2度）孙中山像，徽两旁上边框线内布满垂直短线，全纽扣，如图普16.1所示。其中，2分和8分邮票各有原版和改版两种，如图普16.2所示。

普16.1 香港中华二版（实心粗齿）孙中山像邮票（全套，1/2度，1939年）

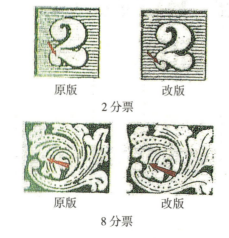

普16.2 2分和8分邮票改版与原版的区别

普17　香港中华二版大东细齿（14度）孙中山像邮票（全套，1939年）

普18.1　香港中华二版改版孙中山像邮票（全套，1940年）

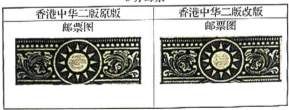

普18.2　香港中华二版原版与改版的区别

香港中华三版有水印孙中山像邮票,有显而易见的篆文"邮"字水印。在同一印张的全版邮票当中,又有渐变的实心全钮"整钮"与实心半钮"破钮"的区别。

普19　香港中华三版有水印孙中山像邮票(全套,1941年)及篆文"邮"字水印

香港的另一家印刷公司大东书局承印的孙中山像普通邮票的版本与中华版又有区别。大东版的纽扣为整圆圈。钮内有"大"字叫"实钮",无"大"字叫"空钮"。

中华版与大东版的比较(1)

细说民国孙中山像普通邮票

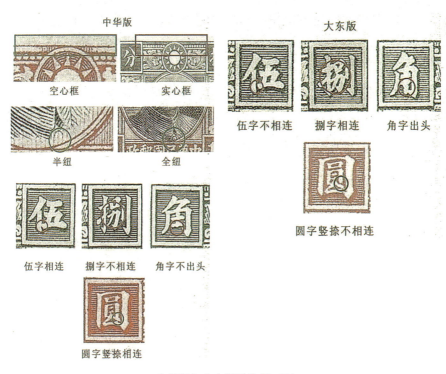

中华版与大东版的比较（2）

普20　香港大东版孙中山像邮票（全套，无水印，1940年）

方寸之间的家国情怀

普20　香港大东版孙中山像邮票（有水印，全套，1940年）及水印展示

四、纽约版孙中山像普通邮票

纽约版孙中山像邮票在抗战期间发行。邮票由纽约美国钞票公司印制。值得一提的是，著名的"民国五珍"之一"纽约版孙中山像2元中心倒印"就出自这套邮票，简称"纽约倒"。当时仅一间邮局有一全张50枚，1943年11月底被一名重庆中学生在不经意中购得，其遂成为蜚声中外的珍邮。

普24　纽约版孙中山像邮票（全套，1941年）

五、中信版和百城版孙中山像普通邮票

1941年12月7日，太平洋战事开始，香港邮票印刷业务停顿，在重庆的邮政总局委托在重庆的中央信托局印刷厂和福建南平的百城印务局承印邮票（分别简称"中信版"和"百城版"），自1942年9月15日起陆续发行。其中，中信版全套14枚，百城一版全套5枚，百城二版全套14枚。由于战时物资短缺，纸张和印刷质量都不能令人满意。

普28　中信版孙中山像邮票（全套，1942年）

百城一版（又称"百城凹版"）孙中山像邮票，1942—1945年发行。

普29　百城一版孙中山像邮票之1—7号（无齿）

方寸之间的家国情怀

普29　百城一版孙中山像邮票之8—11、13、14号（圆孔齿）

普29　百城一版孙中山像邮票之9e号（中缝漏齿双联变体）

普29　百城一版孙中山像邮票（全套，点线齿，1942—1945年）

　　百城二版（又称"百城凸版"）孙中山像邮票，除了孙中山头像不同外，图案花纹均仿照纽约版。

　　另外有一枚2元面值是无齿邮票。这组邮票是用中央信托局的原模印刷的，它们的区别除了面值不同外，百城二版上端徽左边的勾花内有英文字母C字，而普28中信版则无。

带字母"C"

普34.1　百城二版（凸版）邮票暗记

普34.2 百城二版孙中山像邮票

六、重庆版孙中山像普通邮票

重庆中华版孙中山像邮票，全套九枚，由重庆中华书局承印，1944年发行。孙中山像较以前版本稍大（见美国 Scott 目录编号 565—573）。上海建军邮社目录多录入一枚3元票。

普35 重庆中华版孙中山像邮票（全套，1944年）

重庆大东版孙中山像邮票,全套四枚,1945—1946 年发行,由重庆大东厂(从江西迁渝的原赣州大东书局江西印刷分厂)印刷,这种票的变异错品很多。

普39　重庆大东版孙中山像邮票（全套,1945—1946 年）

重庆中央版孙中山像邮票,全套六枚,1945 年发行,有梳式齿、线式齿的区别。

普40　重庆中央版孙中山像邮票（全套,1945 年）

七、抗战后期和胜利后的伦敦版和上海版孙中山像普通邮票

抗战后期,邮政当局专用内地印刷的中信和百城版普通邮票,另外又向英国德纳罗印刷公司定制孙中山像普通邮票,即伦敦三版孙中山像邮票。全套五枚,1946 年 4 月发行。其中,4 元、5 元面值邮票未发行,仅见有加盖版。

普41　伦敦三版孙中山像邮票（全套，1946年）

抗战胜利后，大东书局上海厂恢复生产，另刻新版，即上海大东一版孙中山像邮票。全套11枚，1946年6月发行。又分薄纸（11枚）、厚纸（8枚）两种。

普43　上海大东一版孙中山像邮票（全套，1946年）

方寸之间的家国情怀

八、高通胀年代的孙中山像普通邮票

抗战胜利后，因通货膨胀，邮资猛增，市面上对大面值邮票的需求激增。邮政当局再向英国德纳罗印刷公司定制新票，即伦敦四版孙中山像邮票，全套四枚，于1947年发行。

普44　伦敦四版孙中山像邮票（全套，1947年）

大东第二版、第三版又称"梅花版"。第二版有角、分单位，万元票为双色。另有三枚面值为100元、350元、700元未发行票。

普45　上海大东二版孙中山像邮票（全套，1947年）

孙中山像改值高面值额邮票，全套六枚，1948年发行。上海永宁、上海大业长框加盖于普28中信版和普34百城二版（Scott目录编号814—816、817—819）。

普46　孙中山像改值高面值额邮票（全套，1948年）

上海大东三版孙中山像邮票，全套12枚，1948年发行，第三版无角、分单位，均为单色。

普47　上海大东三版孙中山像邮票（全套，1948年）

方寸之间的家国情怀

1948年8月,随着国民党军队在解放战争中的节节退败,国统区经济整体崩溃,物价持续上涨,恶性通货膨胀加剧,法币制度再也不能支撑极速下滑的经济状况。为了缓解经济危机,国民政府进行了"币制改革",于8月23日开始发行金圆券。邮票也随之改用金圆面值。由于通货膨胀的恶化及邮票印制周期的客观限制,自1948年9月至1949年5月,金圆邮票在行用的数月间就出现了多种样式。

起初,库存旧票不经加盖按金圆出售,遭到了上海、浙江等地邮局的反对。后以法币面值邮票、印花税票等作为原票,加盖改值金圆面值,共有11家各地印刷厂分三次加盖。1948年9月,上海中央印制厂、大东书局和大业公司中标,承印正式的金圆邮票。后大业公司停业迁港,其业务转交给中央印制厂,因此第一版孙中山像金圆邮票分上海大东版和上海中央版。

普50　上海大东一版孙中山像金圆邮票(全套,1949年)

后将原模交上海中央印刷厂印刷以下普51的两种面值票,即上海中央版(中央凹版)孙中山像金圆邮票,全套两枚,1949年发行。"邮"字与普50稍异。

普51　上海中央版孙中山像金圆邮票（全套，1949年）

1949年2月，"三大战役"结束后，平津及长江以北地区解放。金圆券贬值速度很快，邮资一再调整，邮票耗量日增，以凹版印制邮票缓不济急，改以前印金圆邮票图案用照相制成胶版，以平印方法印制。

上海大东二版（大东平版）孙中山像金圆邮票，全套12枚，1949年3月25日发行。图案文字与凹版票相同，唯版纹较粗。大东一版与二版除齿孔不同外，其版式显著不同之处为：大东一版"國"字之一点，在横的右边，与横相连；大东二版"國"字之一点，在一横的上边，与横及上端相连。

普53　上海大东二版孙中山像金圆邮票（全套，1949年）

方寸之间的家国情怀

1949年春，京沪受到威胁，由上海印制邮票供应西南各区中断，于是将大东书局沪厂印制金圆邮票之原图案，以照相制成玻璃版，航寄重庆，交由华南印刷厂翻制胶版，用平印方法添印。图案文字虽相同，但版纹较大东厂平版者更粗糙，纸质亦较粗松。

重庆华南版（华南平版）孙中山像金圆邮票，全套七枚，1949年4月25日发行。

普54　重庆华南版孙中山像金圆邮票（全套，1949年）

普50、普51、普53、普54这几个版本很相似，下面介绍它们的区别方法。

图1　　　　图2　　　　图3　　　　图4

大东凹版与中央凹版的比较如下：

大东凹版	中央凹版
"邮"字"垂"部有两条长横与"阝"的一竖相连（图1）	"邮"字"垂"部仅有一条长横与"阝"部的一竖相连（图2）
左衣领下及右肩下无暗记（图3）	左衣领下有"T"字暗记，右肩下有"中"字暗记（图4）
邮票底纹是直线条	邮票底纹是直线条

图5　　　图6　　　图7　　　图8

大东平版与华南平版的比较如下：

大东平版	华南平版
线条较凹版粗	线条较大东平版粗劣
"國"字的"或"，其点连"國"的上横，且清晰（图5）	"國"字的"或"无点（图6）
左衣领下内衣有处短线（图7）	左衣领下内衣处无短线（图8）
邮票底纹是网格	邮票底纹是网格
—	外衣右肩外端成尖角

1949年4月起金圆券急剧贬值，交易恢复使用银元；同年5月10日，邮政当局宣布按银元出售邮票，同时发行银元基数邮票。由

223

> 方寸之间的家国情怀

重庆华南印刷厂按照金圆邮票华南平版改印孙中山像银元基数邮票。

普62　重庆华南版孙中山像基数邮票（1949年）

1949年6月17日发售基数邮票时，平信邮资高达4600万元，金圆券如同废纸。邮政当局决定自同年8月1日起，将邮票上的金圆改作银圆。东川（重庆）邮区奉令将库存国父像各版金圆邮票10种，交由重庆华南印务局以特制隶书字模浇制凸版，于国父像右边以黑或红色加盖改作银圆数值，左边为阿拉伯数字，并以十字形花纹盖没下端原票数字。

孙中山像金圆改作银圆邮票（普62.4新票，普62.4、普62.3加盖）

（文/黄绍锵）

西北科学考查团纪念邮票

西北科学考查团纪念邮票

这套 1932 年发行的西北科学考查团纪念邮票，是民国时期发行的一套非常特殊的纪念邮票。西北科学考查团纪念邮票有六个特殊的"第一"：国民政府为学术团体发行纪念邮票，此为第一套；为筹募资金进行学术性探讨而发行邮票，此为第一套；邮票中中国文字与拉丁文字对照，此为第一套；邮票以集邮界为主要销售对象，此为第一套；邮票在邮政渠道出售但用于实际邮政用途的只有十分之一，此为第一套；以古名画制作艺术性邮票，此为第一套。

1926 年瑞典考古学家斯文·赫定博士（1865—1952）来华，与徐炳昶、刘半农教授等组织西北科学考查团，任考查团外方团长，前往蒙古、新疆、甘肃等地考察文化古迹。因经费不足，1929 年 3 月 18 日，由国立中央研究院院长蔡元培出具公函，向交通部建议发行邮票以筹集经费帮助成立西北科学考查团。纪念邮票特此发行。除由南京、上海、北平、广州、汉口各邮局发售少量外，余均照票面值售

方寸之间的家国情怀

西北科学考查团纪念邮票四方连

与该团，由该团加价转售于集邮人士，所得盈余，即作为补助该团之经费。纪念票中图案为北平故宫博物院所藏元代名画《平沙卓歇图》（也有称为《沙原散牧图》），画家姓名不详，现藏台北故宫博物院。票图内除标出"西北科学考查团纪念"外，还有该团拉丁文名称及该团预定考察之年限的"1927—1933年"。

20年前，笔者有缘先后遇见两枚由斯文·赫定博士亲笔签字的贴有这套邮票的信封，皆予以珍藏。开始时不知信寄何人，写信到瑞典的图书馆求教，得知收信人为阿尔玛·赫定，原来她是斯文·赫定的妹妹，也是他的秘书。

西北科学考查团纪念邮票

斯文·赫定博士与妹妹的合照

DATUM/DATE BETECKNING/REF.
1997-06-19

Tim Huang
1254 Forest Circle
Clive, Iowa 50325-6628
USA

Dear Mr Huang

Thank you for your letter of May 2 and your question about *Sven Hedin*.

There are many books written about Sven Hedin, but of course most of them are in swedish.
One of the best is *Wennerholm, Eric, Sven Hedin. Stockholm 1978.* (also in german).
I enclose some copies on his familytree and an english article by *Gösta Montell*, published in *Geografiska Annaler*, 1954.

Alma Hedin was his favourite sister.

Thank you for your attention!

Sincerely,

Jan Ottosson
Librarian

瑞典皇家图书馆关于斯文·赫定实寄封收信人的复信

方寸之间的家国情怀

  这两枚实寄封被集邮界称为"赫定西考家书封",是西北科学考查团(简称"西考")纪念邮票实寄封的精品。他把考察的资料和成果以挂号信寄给妹妹,让她为之编辑和收藏。

  1933年4月5日,斯文·赫定寄给他妹妹的挂号封从北平寄瑞典斯德哥尔摩,正面和背面分别贴有全套西北科学考查邮票和谭院长纪念5分、25分票,销北京汉英三格戳。背面有斯文·赫定签名和4月7日的上海中转戳。

1933年4月5日斯文·赫定寄给他妹妹的挂号封(北平寄瑞典斯德哥尔摩)

西北科学考查团纪念邮票

  1933 年 5 月 19 日，斯文·赫定寄给他妹妹的挂号封从北平寄瑞典斯德哥尔摩，正面和背面贴有全套西北科学考查邮票和烈士邮票 3 角，销北京汉英三格戳。背面有斯文·赫定签名和上海 5 月 21 日中转戳。

1933 年 5 月 19 日斯文·赫定寄给他妹妹的挂号封（北平寄瑞典斯德哥尔摩）

229

方寸之间的家国情怀

附：民国西北考察始末

开发大西北，曾是孙中山的建国方略之一。广袤的大西北地区拥有多少自然资源和古代文明遗迹？长期以来，由于种种原因，人们对此几乎一无所知。汉唐时代，中国曾开拓了通往西域、通往西方的"丝绸之路"，大西北曾出现过"沙漠中的绿洲古国"楼兰国。然而，在公元4世纪以后，楼兰古国却突然神秘消失，成为沙漠中的"百慕大"。东晋僧人法显在其游记中描述："沙河中多有恶鬼、热风，遇则皆死，无一全者。上无飞鸟，下无走兽，遍望极目，欲求度处，唯以死人枯骨为标识耳。"意大利旅行家马可·波罗形容："这片沙漠是许多罪恶与幽灵出没的场所，它戏弄往来的旅客，使他们产生一种幻觉，陷入毁灭的深渊。"

1895年2月，瑞典科学探险家斯文·赫定首先闯入罗布沙漠，途中突遇风暴，几乎丧命，亏得一只水鸟把他引到一个小水潭边，才使他幸免于难。1899年9月，斯文·赫定在瑞典国王和百万富翁贝尔的资助下，开始了对塔克拉玛干的第二次探险。1900年3月29日，他们一行到达罗布泊北岸宿营时，才发现用来挖水的唯一工具铁铲遗留在前一天的营地。斯文·赫定让维吾尔族向导艾尔德克回去寻找。艾尔德克历尽艰难终于找到这把铁铲，回程中却遇到狂风飞沙，他因无法睁眼而迷失了方向。风沙停息后，在他眼前出现了一些高大的泥塔和房址，这是一座被风沙半埋的古城。艾尔德克捡了古城中的木雕带给斯文·赫定看，并描述所见情景。斯文·赫定预感到将有重大的发现，它"将使亚洲中部古代史上得到不曾料到的新光明"。后来，经过发掘和考证，这座古城就是神秘消失的"楼兰国"。消息传出，立即轰动世界。可以说，维吾尔族向导艾尔德克是发现楼兰遗址的第一人。楼兰遗址重见天日，令中国及世界各国学术界眼前一亮，该重新审视中国大西北这块"未开垦的处女地"了。与此同时，西方某些心怀不轨的"冒险家"铤而走险，纷纷潜入大西北"寻宝"。他们对楼兰及周围遗址进行疯狂盗掘，盗走了大批珍贵的汉代木简、丝织品、建筑构件等文物。他们的丑恶行径激起了中国人民的愤怒，也激发了中国学术界联合起来，自主考察、发掘和整理古代文化遗产的意识。

1927年春，德国汉莎航空公司计划开辟柏林—北平—上海的航线，委托斯文·赫定再次对楼兰地区进行考察。斯文·赫定的考察计划获得北洋政府外交部的批准。斯文·赫定与中国地质研究所所长翁文灏签订了协议，其中规定：一、考察团采集的所有地质、考古材料和历史文物先送瑞典研究，一俟中国有相等的机构，再送还中国一套副本；二、中国参团人员两名，负责与各地官厅接洽，限期一年即返。很明显，这是一份有损中国主权的"协议"。消息传出，"全国舆论大哗"。3月5日，北大考古学会、历史博物馆、清华国学研究院等11个学术团体共20余人，在北京大学开会，成立了"中国学术团体学会"，发表了"反对外人随意采取古物之宣言"，强调与国外合作考察"应有相当契约，以不损失国体为原则"。4月26日，西北科学考察团理事会主席周肇祥与斯文·赫定签订了"中国学术团体协会为组织西北科学考查团事与瑞典国斯文·赫定博士签订合作办法"共19条。刘半农在一次会议上兴奋地说："（19条）开我国与外人签约之新纪元，当此高唱取消不平等条约之秋，望我外交当局一仿行之。"西北科学考查团成为中国近代第一个中外平等合作的科学考查团，中国学术界为之扬眉吐气。

西北科学考查团先后共有团员38人，中外各半，团长是北大教授、历史学家徐炳昶。中方参团学者有地质学家袁复礼和丁道衡，考古学家黄文弼，水利工程师、地图学家詹蕃勋，地球物理学家陈宗器，植物学家郝景盛和刘慎谔，气象助理胡振铎和徐近之，历史博物馆摄影师龚元忠等，还有北大学生李宪之、刘衍淮、马叶谦、崔鹤峰等。他们与团内的外国专家学者在中国西北部约460万平方公里的区域内进行了人类、考古、地质、气象等多学科的考察，从1927年开始，一直持续到1933年，取得了中外瞩目的丰硕成果。

西北考察持续了八年，而西北科学考查团邮票从筹划到发行也用了三年时间。蔡元培1929年3月16日致函交通部请求发行西北科学

方寸之间的家国情怀

考查团邮票,函中提到:"查该团考查西北科学事务,在本国实为创举。两年以来,有相当成绩,所请发行纪念邮票,意在引起国民对于学术探查之趣味。"可见,西北科学考查团邮票从一开始就被赋予了特殊的国民教育作用,在中国邮票发展史上开创了具有积极意义的先河。历史,将永远记住这些一往无前的先驱!

(文/黄绍锵)

一枚难得一见的实寄封
——美国总统罗斯福的集邮故事

广州市地方志馆特藏室收藏了一枚貌似平凡的民国时期的实寄封，封面贴有一枚帆船邮票和三枚孙中山头像的普通邮票。上面盖着济南历城 1935.12.19 邮戳。

信封正面的内容显示，这是由美国驻中国济南的领事馆寄给华盛顿的美国国务卿的信件。信封背面的内容更显示出它的不平凡。

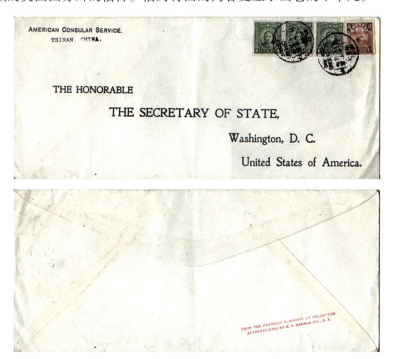

图1　由美国驻中国济南的领事馆寄给华盛顿的美国国务卿的实寄封

方寸之间的家国情怀

实寄封后面有美国纽约哈默（Harmer）公司①的认证印章（图2）。证明这件邮品出自富兰克林·罗斯福总统的邮集。

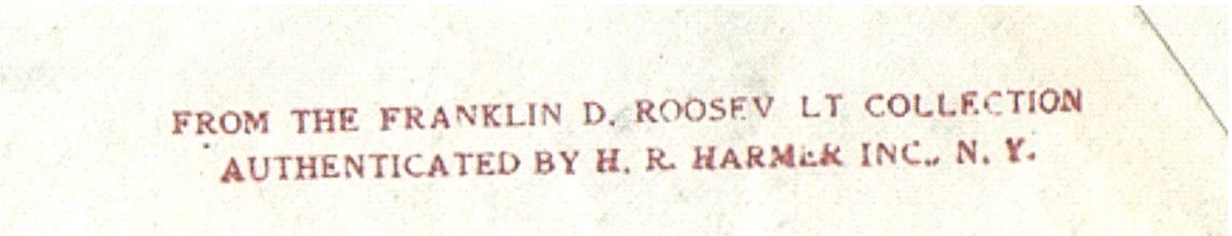

图2　美国纽约哈默公司的认证印章

每一枚小小的邮票背后都有一段故事，吸引人去探究其趣味。有句名言说："集邮是王之嗜好，亦是嗜好之王。"不少知名人物、成功人士又是集邮大家。英国国王乔治五世拥有由350本邮册组成的英国皇家邮集，在位的26年中，大力推广集邮活动。不久前这部由英国王室经管保存的邮集已达400卷。皇家邮集是女王私人资产中金额最高的单类收藏。

二战时期的美国总统罗斯福是一位很著名的集邮家。罗斯福的母亲是一位集邮爱好者，后来她把邮票让给了自己的弟弟，也就是罗斯福的舅舅。罗斯福8岁的时候，从舅舅手里接过了集邮册，他的集邮生活就这样开始了。从1933年至1945年，罗斯福当了12年美国总统，虽然工作非常繁忙，可是他一直坚持每晚临睡前用半小时来集邮，就连去国外参加重要国际会议时，也随身携带邮册。他认为，集邮是他一天劳累以后最好的休息方式。罗斯福还很关心美国邮票的印刷，从内容到设计，他时常要亲自过问。他过问的邮票有200多套。在他任职总统期间，美国集邮人数从200万一跃到900万，邮票销售额增长了六倍。罗斯福身为总统，和普通人一样花时间集邮，体现出

---

① 哈默（Harmer）公司由亨利·里维尔·哈默（H. R. Harmer）于1917年成立于英国伦敦，并于20世纪30年代在美国纽约成立分部。1946年，其幺子伯纳德·D. 哈默（Berrard D. Harmer）成立了美国纽约哈默（集邮）公司。现已更名为哈默氏国际（集邮）公司。

一枚难得一见的实寄封

集邮的价值——拓展视野、陶冶性情、积累知识、增长才干。罗斯福在谈到他集邮的体会时说:"集邮者得到的益处是这样多,以至于很难讲清楚这种业余爱好的最大益处是什么。但不论怎么样,集邮所提供的欢乐,证明我们的爱好是可取的,我们得到的足以抵偿我们付出的代价。"

罗斯福集邮的得天独厚之处是世界各国领导人常常将本国的一些邮票作为小礼品馈赠给他,中国的国宝珍邮也曾作为礼品送到了他手中。罗斯福总统对中国邮票颇感兴趣。当年史迪威将军回国述职时,罗斯福见到史迪威将军手中的中国实寄封,心生喜爱,并向史迪威索要,以后又多次托人留心搜集中国邮票及实寄封等。本文图1所示广州市地方志馆特藏室珍藏的民国实寄封就是罗斯福的中国实寄封收藏品之一。

罗斯福逝世后,他的邮集由哈默(集邮)公司拍卖。1946年,美国纽约哈默(集邮)公司举办"罗斯福总统邮集专场拍卖",拍卖目录第一册、第二册已成书出版。此邮集为罗斯福总统毕生心血的汇集,堪称美国邮政史典范,对它们的拍卖为当年最为重要的拍卖盛事。拍卖目录印刷精美,由杜鲁门总统作序,具有极高的学术与收藏价值。拍卖目录发行量本来就少,随着年代久远,也成为珍稀之物。笔者多年来一直希望能够一睹其庐山真面目,无奈在美国全国公共图书馆范围内申请多时才知道图书馆都没有藏书。庆幸在本书即将定稿之日才在拍卖会上求得,决定将之永久入藏故乡广州市地方志馆。配合1946年斯科特公司的集邮百科全书(Scott邮票目录),可以探索当年罗斯福邮集中的世界各地珍邮,特别是中国从1878年清朝第一枚大龙邮票至1945年已发行和未发行的共980多枚充满传奇色彩的邮品的究竟。

罗斯福邮集拍卖品都盖有Harmer公司的认证印章。涵盖世界各国邮票专辑、战舰封集、耶诞标签集(包括封戳与邮票)、手绘原稿、手盖票与试版票、样票,以及许多大全张和首日封等。涉及华邮的部分有62项是价值连城的奇珍。其中最为国人熟知的是抗战时期宋美龄赠送的华邮集,内有1912年蟠龙加盖"临时中立"邮票15

方寸之间的家国情怀

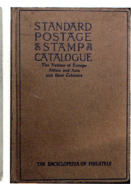

图 3　拍卖图录

枚全套、蟠龙加盖"中华民国临时中立"邮票 15 枚全套、加盖"临时中立"和"中华民国临时中立"欠资邮票全套、清代伦敦二版未发行的"棕欠资"等珍罕邮票，其中第 153 号拍品乃北京二版牌坊加盖红色"桂"区贴用、"黔"区贴用邮票各一套。可惜目录中的这些珍邮的插图是黑白的。

集合与散失，是两个相反的归宿。罗斯福毕生收藏的来自世界各地的质量高、范围广的几十万枚珍邮虽然已被分散，但他那无与伦比的邮集，仍以书籍的形式留在世间与集邮爱好者共享。设想如果以真品的形式在博物馆里面展示，相信会是一个更加完美的故事。

（文/黄绍锵）

从20元到500万、从半分到20万
——从邮资看民国的币制变迁

广州地方志馆特藏室收藏了民国62套普通邮票中的大部分。在浏览这些数量很大且很难梳理的邮票时，细心看看邮票的面值，会有一个惊人的发现，邮资呈几何级增长。民国的财政究竟发生了什么？

伪暂售票改作"国币"邮票（全套，1945年）

上海大东版单位邮票（1949年）

左图是一张1949年上海大东版单位邮票，国内信函费邮票，其是一枚没有面值的单位邮票。

1914年，北洋政府推出《国币条例》，确定以银元为中华民国货币。1935年，国民政府开始发行法币作为"国币"。民国邮政从1940年9月20日起调整邮资，本埠平信费，每20公分由2分改为4分，国内各地互寄平信邮资每20公分由5分调整为8

分。以后，邮资逐步增加，以至于后来的一两年间，从1946年的20元到1948年单枚邮票的最高面值达法币500万元。

由于战争和通货膨胀，法币急剧贬值，物价上涨导致邮资屡调。1948年8月19日，国民政府再次进行币制改革，开始发行金圆券，规定每一金圆合国币300万元。但是金圆券通胀速度比法币更快，十个月膨胀170万倍，单枚邮票面值从金圆券半分到最高面值金圆券20万元。邮票的印制发行困难重重，故而多次发行加盖改值邮票。

1949年，国民政府以旧有银本位的银元取代价值已近废纸的金圆券，但是银元券随着局势变化亦大幅贬值。邮资不断变化，邮票面值一改再改，使刚印好的邮票就不适用，改值邮票大量出现。后来国统区财政完全崩溃，不得不发行无面值的单位邮票和基数邮票。

（文/黄绍锵）

香港中华版、大东版孙中山像普通邮票印样

日军全面侵华战争爆发前，中华邮政邮票主要由北平财政部印刷局和英国伦敦德纳罗公司两个厂家印制。1936年5月，邮政总局与德纳罗公司签订的印制邮票合同到期，与北平财政部印刷局的印票合同也于年底到期。邮政总局考虑到当时全国每年所用邮票约需8亿枚，平均每天需用220万枚，经过缜密研究，决定进行公开招标，以降低邮票的印制成本，提高邮票的印刷质量。

1936年9月9日，邮政总局派江苏邮政管理局外籍业务股股长、副邮务长睦兰前往邮政总局驻沪供应处调查"有无堪以承办此项目印务者，以便设法在上海招标交办"。经过对各印刷厂家的调查及现场考察，邮政总局于1936年10月24日向上海商务印书馆、中华书局、大东书局、大业印刷公司、北平财政部印刷局和英国德纳罗公司发出印制孙中山像邮票的招标说明书，招标说明书将印制邮票的种类、印价、印量、颜色、制版方式、所用材料、邮票存放、邮票监印等方面都提出了具体而细致的要求，并提出："如你厂愿意投标，请即雕刻总理遗像印模一具，印成样本……于1937年1月15日以前送交通部邮政总局。"

有关各厂接到招标函后均踊跃投标，1937年1月16日上午开标，中华书局以总分第一中标。1937年9月6日，邮政总局与中华书局正式签订印制邮票合同。

大东书局未采用印样册为存世孤本（图1.1、图1.2、图1.3）。

方寸之间的家国情怀

图 1.1　中华民国邮票样本（封面）

图 1.2　中华民国邮票样本内页（一）

图 1.3　中华民国邮票样本内页（二）

香港中华版、大东版孙中山像普通邮票印样

1937年卢沟桥事变爆发后，北平、上海相继沦陷，上海各印刷厂将大部分印刷设备迁往香港，因此，邮票印制工作不得不在香港落实。1938年8月3日，由邮政总局向中华书局香港厂下达了印制孙中山像邮票清单。分别印制：2分（橄榄绿色）3000万枚，5分（茶绿色）3亿枚，1角5分（红色）200万枚，2角5分（深蓝色）650万枚，1元（褐色、棕色）700万枚，2元（棕蓝色）300万枚，5元（灰色、红色）100万枚，所用图稿仍采用1937年邮票图稿。

中华书局印制的邮票从1938年10月起，到1941年12月香港沦陷止，共发行了四版。

1. 香港中华一版（空心）

（1）空心半钮，1元（褐色、棕色），2元（棕色、蓝色），5元（灰、红色）；

（2）空心全钮，1元（褐色、棕色），2元（棕色、蓝色）。

2. 香港中华二版：实心2分（橄榄绿色），3分（棕色），5分（绿色），5分（橄榄绿色），8分（橄榄绿色），1角（绿色），1角5分（红色），1角5分（豆沙色），1角6分（黄绿色），2角5分（蓝色），1元（褐色、棕色），2元（棕色、蓝色），5元（灰色、红色），10元（紫色、绿色），20元（蓝色、深紫色）。

3. 香港中华二版改版：2分（橄榄绿色），8分（橄榄绿色）。

4. 香港中华三版（有水印）

（1）实心全钮，1元（褐色、棕色），2元（棕色、蓝色），5元（灰色、红色），10元（紫色、绿色），20元（蓝色、深紫色）；

（2）实心半钮，1元（褐色、棕色），2元（棕色、蓝色），5元（灰色、红色），10元（紫色、绿色），20元（蓝色、深紫色）。

香港中华书局印制邮票开工后接连发生两次罢工，导致印务中断，印票缓慢。在这种情况下，邮政总局又与大东书局接洽，向其定印邮票，皆用中华书局印模印制，并略加修改，以示与中华书局版不同。

方寸之间的家国情怀

图2　大东书局接手后所用印模
（贰元款）

图3　大东书局接手后所用印模
（拾元款）

大东书局于1939年11月13日正式开工印票，至香港沦陷为止，共印制无水印及有水印两种。

1. 无水印票：5分（绿色），5分（橄榄绿色），8分实钮（橄榄绿色），8分空钮（橄榄绿色），1角（绿色），3角（红色），5角（蓝色），1元（褐色、棕色），2元（棕色、蓝色），5元（灰色、红色），10元（紫色、绿色），20元（蓝色、深紫色）。

2. 有水印票：5分（绿色），5分（橄榄绿色），1角（绿色），3角（红色），5角（蓝色），1元（褐色、棕色），2元（棕色、蓝色），5元（灰色、红色），10元（紫色、绿色），20元（蓝色、深紫色）。

（文/曹勇进）

第三篇

穗邮纵览

本篇介绍广州历史时期和新时期的邮票、明信片等邮品。其中分专题介绍了岭南文化的名片——粤剧邮票、珍贵的广州解放邮票、广交会专题邮品、广州地铁邮品等。

双塔旧影

看着广州老明信片中的黑白旧影，寻觅着"这个画面现在在哪里""这个建筑还在吗"，也是乐趣之一。

之前，有邮友拿着两张广州宝塔的明信片向笔者询问：这上面的塔是同一座塔吗？现在在什么地方？

乍一看，这两座塔的确很像：同样是在一座小山冈上；都是九层，形制相近；周边都是杂草丛生。明显的区别就是一座有塔刹，而另一座没有。它们分别是广州的琶洲塔（图1）和赤岗塔（图2）。

图1 老明信片上的琶洲塔

图2 老明信片上的赤岗塔

方寸之间的家国情怀

说到塔，大家很自然地想到佛塔。的确，塔这种建筑类型起源于佛教。至于其渊源，不少人都了解，也不难查到资料，此处就不赘述了。但这两座塔并不是佛塔，而是"风水塔"。

明代中期后，风水学说大盛。为了风水而建造的塔，在明清时期占了大多数。此时，有风水家认为广州是"山水大尽之处，其东水口空虚，灵气不属，法宜以人为补之，补之莫如塔"。广州老城以东的珠江江心有片沙洲，名叫"琶洲"，被认为"石冢高平"，是建塔的理想之地。

于是，明朝万历二十五年（1597）在这里开始动工修筑，三年后落成。此塔原名"海鳌塔"，塔的两旁还建有海鳌寺、北帝宫。海鳌寺供奉据传建塔有功的大海龟，也有"独占鳌头"之意，以壮文运。北帝庙供奉的主神自然是真武大帝。从另一枚清末老明信片（图3）中可以清楚地看到塔下的宫观。但海鳌塔的大名没有传开，民间一般照着地名叫它"琶洲塔"。琶洲塔是船只从珠江口逆流而上，即将进入广州城所见到的一处显著地标，故而也有航标的作用。在清代，还曾以"琶洲砥柱"之名入选"羊城八景"。到了近代，琶洲逐渐与珠江南岸连成一体。

图3　清末明信片上的琶洲塔

双塔旧影

赤岗塔建在珠江南岸的一处山冈上，始建于明万历四十七年（1619），比琶洲塔稍晚，形制和琶洲塔基本相同，地处风水说的"巽方"，也是为了壮广州风水而建。建成之后，琶洲、赤岗两塔耸立珠江南岸，与北岸的山脉遥相呼应。清末仇巨川著《羊城古钞》评价道："赤岗、海鳌两塔屹然，与白云之山并秀，为越东门户，引海印、海珠为三关，而全粤扶舆之气乃完且固。"

从晚清民国的旧影来看，两座塔都是八角楼阁式，外观九层。不仅如此，它们内部也都是17层，50多米，真的很像！最明显的区别是琶洲塔此时下有宫观，顶有塔刹；赤岗塔本来就没有附属建筑，塔刹此时已不存。抓住这两点还是很好分辨的。琶洲塔和赤岗塔分别于1992年、1998年进行了修缮，均清理杂草，恢复白身红柱，倾斜的塔身也被扶正。赤岗塔被重新安上了塔刹。但琶洲塔下的海鳌寺、北帝宫却已不存，也没有复建。

现在两座塔更是高度相当，难以分辨了。琶洲塔现在广州国际会议展览中心（广交会展馆）旁、万商云集之处。赤岗塔则处于广州塔之南、新城市中轴线上。

（文/陈翼翀）

民国时期广东邮政的枢纽中心
——广东邮务管理局遗址由来

珠江（又名"粤江"）是横贯广州市区的一条内河，市区北岸的一段河堤人们习惯称它为长堤，靠西的一段叫"西堤"。在西堤这段数百米长的沿江西路上，分别坐落着两幢具有百年历史的欧式古典建筑，它们分别是位于沿江西路43号的广东邮务管理局旧址（广东省重点文物保护单位，图1）和位于沿江西路29号的粤海关旧址（亦称广东海关，民间俗称"大钟楼"，全国重点文物保护单位，图2）。两楼相距约百米。百年来，它们倚江而立，诉说和演绎着时代的风云变幻。

图1　建于1916年的广东邮务管理局

民国时期广东邮政的枢纽中心

图2 1916年落成的建有钟楼的粤海关遗址

与广东邮务管理局遗址仅一路之隔的粤海关，则有"中国第一关"的美誉，于1859年设关。现在的遗址大楼于1914年3月28日奠基，1916年6月25日落成。其楼顶的"大钟楼"是国内海关第一座钟楼，也是广东最早兴建的罗马式古典建筑。海关与邮局两幢欧式建筑同年落成，分别屹立在珠江之滨的西堤。它们见证了广州近现代邮政历史的进程，是广州稀缺的历史文化资源。它们也说明自近代以来，作为进出境邮件监管机关的海关与邮政的缘分也是颇深的。

清光绪二十二年二月初七（1896年3月20日），清政府总理衙门据总税务司罗伯特·赫德（Robert Hart，1835—1911，英国人）所拟章程入奏开办国家邮政，称为"大清邮政"，同日，奉光绪皇帝钦批"依议"，正式开办"大清邮政"业务。海关总税务司署为邮政的管理机构，隶属总理衙门。民国时期的广东邮务管理局前身则是始建于光绪二十三年（1897）的大清邮政广州总局（图3），原为一位美国华侨设计的仿欧洲新古典主义风格的衙署式楼房，1912年11月9日毁于一场大火。1913年，该地址划给粤海关扩建为新邮局，由英国工程师丹备设计，原址重建，于1916年落成。当时广东的邮政业务由粤海关兼管，1918年由广东邮务管理局接管。现在保存下来的

方寸之间的家国情怀

是1916年于原址重建的广东邮务管理局遗址，是其在民国时期使用的办公场地。

像这样被保护起来的清朝邮局遗址，在全国还有不少。光绪二十二年（1896）清朝正式成立邮政官局，在北京设立大清邮政总局，并在当时全国20多个城市，如北京、上海、广州、天津、牛庄、烟台、重庆、宜昌、沙市、汉口、芜湖、镇江、苏州、杭州、宁波、温州、福州、汕头、琼州、北海、蒙自、龙州等设立了邮政分局，在局附近还设立有邮政分局。

图3　建于1897年的大清邮政广州总局

民国时期广东邮政的枢纽中心

具有百年楼龄的广东邮务管理局遗址，褐黄色的建筑外墙和内饰依然不失其雍容华贵（图4、图5），大楼坐北朝南，平面呈梯形，主楼三层半（含地下室半层），高18米，均为钢筋混凝土框架结构，建筑面积1740平方米，首层（图6）以下做基座形式构建，南立面为八根爱奥尼亚式巨柱，连贯二、三层，内为柱廊半露台，顶为天台，四周砌女儿墙，四角立尖形柱，室内设有壁炉。笔者在1979年11月30日曾因联系次年元旦在广州文化公园举办的"邮票展览"事宜进入大楼的邮政局邮政科，目睹了楼内房间还依然保留着一个个装饰完好的壁炉，只是炉口被砖墙封堵了而已。大楼的楼梯扶手用铁柱围栏装饰，门、窗、地板全部采用柚木材料（图7）。它与同年建成的粤海关大楼一样，是当时广州的景观地标，它们的建成比1937年的"广州第一高楼"爱群大厦还早21年。

图4　建于1916年的广东邮务管理局

251

方寸之间的家国情怀

图 5　遗址外墙镶嵌着繁体字"广东邮务管理局"的字样

图 6　首层大堂（为防水患，首层大堂高出路面近 2 米，现在是广州集邮展销中心和大古广藏旗舰店所在地，也是集邮爱好者聚集交流的打卡地）

图7　木制铸铁围栏的楼梯和梯间厚重的大门

令人遗憾的是,战争为这座建筑留下了无情的伤痕和记忆。1938年10月21日,日军入侵广州,广州沦陷,23日西堤一带发生大火,邮局大楼窗户和地板全部被焚毁。由于日军的入侵,1938年12月15日,作为邮政枢纽的广东邮务管理局不得不租用长堤广州戏院临时办公,继续处理邮件及对外营业。为维持沦陷区与大后方的通信,广东邮务管理局与香港邮局协商在香港成立"广州邮局香港分信处"处理邮件,使邮件免受日军占领当局的检查。

到了1939年,广东邮务管理局大楼由杨永棠工程师主持,在保持原大楼结构及外貌不变的情况下修复重建,并于1942年1月1日竣工,使毁于战火的邮务大楼重新屹立在珠江畔,广东邮务管理局也迁回这里办公及营业。

历史上,这里曾先后作为中华民国广东邮务管理局、中华人民共和国邮电部广州邮局和广州市邮政局的办公楼,是广州乃至广东邮政的重要历史遗迹。

(文/焦志伟)

粤剧邮票:展示传承粤剧艺术

一、粤剧简史

粤剧又称"大戏"或者"广东大戏",是汉族的戏剧之一。粤剧是融汇明清以来流入广东的海盐、弋阳、昆山、梆子等诸腔并吸收珠江三角洲的民间音乐所形成的以梆子(京剧称"西皮")、二黄为主的我国南方一大剧种。粤剧源自南戏,自明朝嘉靖年间开始在广东、广西出现,是糅合唱念做打、乐师配乐、戏台服饰、抽象形体等的表演艺术。最初演出的语言是中原音韵,又称为戏棚官话。到了清朝末期,文化人为了方便宣扬革命而把演唱语言改为粤语,使广府人更容易明白。新中国成立后,1953 年,成立广州粤剧团;1958 年,广州地区九个粤剧大班合并成立了广东粤剧院;1960 年,成立了广东粤剧学校及湛江分校。薛觉先、马师曾、白驹荣、曾三多、靓少佳、罗品超、文觉非、郎筠玉、红线女、罗家宝、林小群、陈笑风、谭天亮等分别主演了《搜书院》《关汉卿》《柳毅传书》《十奏严嵩》《三件宝》《寸金桥》《金鸡岭》《红花岗》《刘胡兰》《山乡风云》等优秀剧目。其中,《山乡风云》在全国还被移植成 20 多种戏曲剧目,还组团到朝鲜和越南进行友好访问演出。薛觉先"万能老倌"的艺术造诣,马师曾的"乞儿喉"唱腔,白驹荣的"平喉",罗品超的文武生,陈笑风的"风腔",红线女的"红腔",文觉非、罗家宝等人的唱念做打深受观众喜爱。20 世纪 80 年代粤剧代表作有《三脱状元袍》《袁崇焕》《昭君公主》《南唐李后主》《魂牵珠玑巷》等。关国华、林锦屏、卢秋萍、倪惠英、冯刚毅、丁凡、郭凤女、陈韵红、彭炽权、曹秀琴等成为观众喜爱的优秀演员，剧团还频繁地到港澳地区和一些国家演出。

新中国成立后，粤剧艺术得到健康的发展，剧目创作多姿多彩，主张继承艺术前辈的流派唱腔并加以发展，增强既能慷慨高歌又擅浅吟低唱的艺术魅力；提倡中西结合，努力突出民族和地方特色；建立导演制度，净化舞台艺术形象，注意整体艺术的创造，发展多种风格的舞台美术设计，粤剧渐而成为广东地方戏剧中拥有观众最多、影响最大的一个剧种。1956年，周恩来给予粤剧"南国红豆"的美誉。2006年5月20日，粤剧名列第一批518项国家级非物质文化遗产名录。2009年10月2日，由广东省、香港和澳门特别行政区联合申报，粤剧成功成为世界非物质文化遗产。

二、粤剧登上邮票，成为国家名片

香港特区邮政于2014年8月21日发行"粤剧服饰"邮票1套6枚（图1）和邮票小型张1枚（图2）；2018年10月9日发行"粤剧剧目"特种邮票1套6枚（图3），这套邮票展示了六个家喻户晓的粤剧剧目及其经典场景，包括《帝女花》《双仙拜月亭》《关公月下释貂蝉》《凤阁恩仇未了情》《梁祝恨史》以及《昭君出塞》。

澳门特区邮政于1991年6月5日发行《中国戏剧》邮票1套4枚，其中《白蛇传》就是粤剧的剧照（图4）；2010年3月8日，澳门特区邮政发行《国际妇女节一百周年》邮票小型张时，邮票中三位妇女代表人物中，就有粤剧女武花旦。

为了传承复兴粤剧传统例戏的"四件宝"——《香花山大贺寿》《六国大封相》《玉皇登殿》《天姬送子》，自2015年起，佛山粤剧传习所（佛山粤剧院）启动粤剧"四件宝"的保护传承工程，2017年3月成功复排公演《香花山大贺寿》，引起粤、港、澳、桂的轰动，成为广东省非遗保护中心直接参与的粤剧非遗抢救性项目；同时引起

方寸之间的家国情怀

国家邮政部门的重视，作为"中国戏剧"系列邮票的第三套——粤剧邮票，2017年10月15日在佛山发行。"粤剧"特种邮票1套3枚。三枚邮票分别表现颇具岭南特色的《香花山大贺寿》（图7）、《六国大封相》（图5）、《玉皇登殿》（图6）三出粤剧传统例戏，《天姬送子》则在邮票大版中间过桥边饰上呈现（图5）。

中国邮政、香港特区邮政和澳门特区邮政发行粤剧邮票，使粤剧登上"国家名片"的大雅之堂，表明中国传承复兴粤剧的立场和态度。

图1 粤剧服饰邮票

粤剧邮票：展示传承粤剧艺术

图 2　粤剧邮票小型张

图 3　粤剧剧目特种邮票

方寸之间的家国情怀

图 4　中国戏剧邮票之粤剧《白蛇传》剧照

其二，中国（含特区）邮政部门发行的粤剧邮票，展示粤剧的传统例戏、经典剧目及道具服饰，着力传承粤剧的艺术文化。

图 5　粤剧特种邮票之《六国大封相》

粤剧邮票：展示传承粤剧艺术

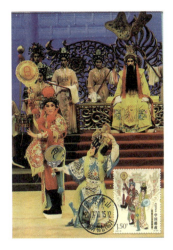

图6 粤剧特种邮票之
《玉皇登殿》

图7 粤剧特种邮票之
《香花山大贺寿》

事实上，"粤剧"特种邮票选材讲究，表现了新中国成立后，由佛山粤剧院重排，被广东省戏曲工作室整理保存的粤剧"四件宝"，是粤剧集传统大成的完整体系，是中华民族文化和优秀戏剧的传承和复兴。该套邮票采用中国工笔重彩技法绘制，线条采用传统的"高古游丝描"与"钉头鼠尾描"结合，全部依据佛山粤剧院演员穿戴传统广绣戏服造型手绘，具有较高的审美价值。用色方面，着重在粤剧舞台服装的基础上适当加入中国画重彩元素，使整体画面更具传统审美韵味。在首发式上，佛山粤剧院的青年演员重披手工特制的原装粤绣戏服，重新演绎四大例戏《香花山大贺寿》之观音十八变、韦驮架，《六国大封相》之推车、坐车，《玉皇登殿》之日月架以及《天姬送子》之送子等典型排场和精湛功架，再现"粤剧"邮票设计中的经典造型。由此可见，粤剧邮票展示粤剧的传统例戏、经典剧目及道具服饰，正在传承粤剧的艺术文化。

方寸之间的家国情怀

三、粤剧濒危状态及应对

粤剧一度处于濒危状态：一是观众断层。粤剧只在中老年本土居民中占有一席之地，对于年轻一代，地域文化的影响已经降到很低，他们对于古老的艺术形式缺乏热心和激情。二是娱乐形式多元化给传统粤剧艺术带来了强烈的冲击。电视的崛起，手机、互联网的出现，也改变了很多年轻人的业余爱好。粤剧这一传统艺术正被日益多元的文化娱乐方式所排挤，退出了大众娱乐的主流。三是粤剧的传承和保护受到内在因素的制约。粤剧的创作力量日益单薄，编导人才断层，剧本创作和舞台艺术水平降低，粤剧演员队伍后继乏人，粤剧在发展过程中缺乏系统的积累与保护，致使这份宝贵的艺术遗产濒临失传。

面对粤剧的濒危态势，政府有关部门着手解决粤剧艺术的保护、传承和推广问题。2009年10月2日，由广东省、香港特别行政区和澳门特别行政区联合申报，粤剧成功成为世界非物质文化遗产。为了留住这独特的文化根脉，广州市政府先后出台编制《广州市进一步振兴粤剧事业总体工作方案》《广州市文化广电新闻出版事业发展第十三个五年规划（2016—2020年）》，明确将戏曲惠民工作列为重点项目，大力扶持民间私伙局的发展，不断拓宽戏曲艺术传播渠道。通过推动戏曲进基层，促进粤剧艺术传承传播、惠民为民，让粤剧迎来"古韵新生"。2017年9月，中共广州市委宣传部、市文化广电旅游局正式启动了《粤剧表演艺术大全》编纂工程，由中国戏剧梅花奖得主倪惠英任主编。《粤剧表演艺术大全》的编纂，使粤剧成为国内戏曲界第一个系统化梳理艺术表演的剧种，对于粤剧艺术的经验总结和发扬光大厥功甚伟。香港特区政府在保护粤剧方面也从未停步。香港特区政府民政事务局辖下的粤剧发展基金会，近年资助"油麻地戏院场地伙伴计划"等，为新秀提供表演场地，西九文化区西九戏曲中心（图8），担当起推动包括粤曲在内的传统戏曲的保育和创新的任务。

粤剧邮票：展示传承粤剧艺术

图8　西北文化区西九戏曲文化中心

四、民间节日邮票印粤剧场景：助力粤剧传承

国家和特区邮政部门在民间节日和重大节日，发行有粤剧场面图案的邮票，展示宣传粤剧的艺术文化，使大众认识、喜爱、传承粤剧的艺术文化。2002年3月15日是澳门的传统节日"土地诞"，澳门邮政专题印制"粤剧演艺"的邮票和极限明信片（图9），宣传岭南文化的代表——粤剧文化。2016年，广州市建成粤剧艺术博物馆。

图9　粤剧演艺邮票和极限明信片

261

方寸之间的家国情怀

广州粤剧艺术博物馆收藏粤剧史料、音像、实物、手稿5000多件套，专门设立粤剧邮票专栏专柜，展示粤剧传统例戏"四件宝"——《香花山大贺寿》《六国大封相》《玉皇登殿》《天姬送子》的邮票设计手稿和邮票，展示宣传粤剧艺术文化，助力粤剧传统艺术的传承。2017年7月1日是香港特区政府成立20周年纪念日，香港邮政专门印制"粤剧庆祝香港特区成立20周年"的邮票和极限明信片（图10）。邮票和极限明信片的图案，就是粤剧中的庆典场景。2018年10月24日下午，习近平总书记走进广州粤剧艺术博物馆，观看粤剧史料、音像、实物、手稿和粤剧邮票专栏专柜，同粤剧票友亲切交谈，希望他们把粤剧传承好、发扬好。广州粤剧艺术博物馆开馆以来，共接待观众42万多人次，为团体、市民提供讲解导览1500余场次；广州粤剧艺术博物馆的粤剧例戏邮票专栏，向公众展示宣传粤剧的艺术文化，使人们领略"南国红豆"的独特魅力，促进粤剧艺术的薪火传承。

图10　粤剧庆祝香港特区成立20周年邮票

综上所述，中国的粤剧邮票，在振兴中华文化和坚定文化自信的过程中，起到展示粤剧艺术、传承粤剧文化、复兴中国戏剧的积极作用。

（文/黎伟民）

趣说"广州解放纪念"邮票

在中国革命战争时期发行的250多套邮票中,"广州解放纪念"邮票是一套新中国诞生后发行的解放区邮票。此套邮票是唯一一套在香港设计和印刷的解放区邮票(图1)。下面将对这套邮票的基本信息、印制背景、设计者以及承印公司情况予以介绍。

"广州解放纪念"邮票于1949年11月4日,由中央军委广州市军事管制委员会交通接管委员会发行,全套5枚,票幅28毫米×22.5毫米,无齿,无背胶,道林纸胶版印刷,主图均为横跨珠江南北的海珠桥,面值和颜色分别为10元/绿色、20元/灰棕色、30元/紫色、50元/洋红色、100元/深蓝色,全版张由480枚邮票组成,分为4格,每格120枚。

10元　　　　20元　　　　30元　　　　50元　　　　100元

图1　广州市军管会交通接管委员会发行"广州解放纪念"邮票(全套)

"广州解放纪念"邮票发行一个多月之后,华中邮政管理局调整邮资。由于"广州解放纪念"邮票原票面值太低,省邮政主管部门于12月9日开始先后分四次将三种面值邮票送到广州中央印刷所、

方寸之间的家国情怀

瑞星印刷所加印改值。10元、20元改值1000元，20元改值500元，30元改值300元，30元改值800元，共改新面值邮票四种（图2）。前三种改值邮票图文由广州邮局职工何乃基设计。

10元改值　　20元改值　　30元改值　　20元改值　　30元改值
1000元　　　1000元　　　300元　　　　500元　　　　800元

图2　1950年12月9日之后，省邮政主管部门加印改值的四种面值邮票

由于"广州解放纪念"邮票是无齿邮票，撕剪不方便，因此个别地方邮局将其自行打齿出售（图3）。

图3　盖湛江"赤坎埠"邮戳的自行打齿邮票四方连

趣说"广州解放纪念"邮票

1949年12月,华中区邮政管理局发行的"五角星图""工农兵图"普通邮票运到广东之后,与未改值和改值"广州解放纪念"邮票搭配使用,直至1950年9月1日停止使用。

关于决策印制邮票单位。1949年8月,中共中央决定成立新的华南分局。7月21日,毛泽东致电华南分局负责人方方,要求举行赣州会议,商讨解决管理广东的一系列问题。8月,中共中央委派具有接管北平经验的叶剑英任华南分局第一书记,担任解放华南战役的总指挥,负责华南地区的全面工作。9月11日,华南分局在赣州举行第三次委员会扩大会议部署占领华南最大的城市广州,解放广东全省和华南的作战计划。10月2日,华南分局决定成立广州市接管工作委员会,负责接管广州和筹备建立广州市军事管制委员会的工作,10月14日广州解放。华南地区解放后面临很多问题,人民用邮就是其一。为了解决广东、广西解放后的用邮问题,华南分局有关部门根据赣州会议的精神,提前做出印制"广州解放纪念"邮票的决定,并通过香港的党组织负责邮票设计和印刷。邮票的铭记为"华南邮政"(华中邮政管理总局于1949年9—12月曾成立华南邮政局),并印有"广州解放纪念"的字样,邮票左上角的五角星象征广州解放、人民政权的新生。

关于邮票设计者。广州作者利冠棉在1981年第1期《集邮》杂志上发表题为《关于广州解放纪念邮票的设计和印刷》一文,文中说:"邮票图案是由该厂(即永发印刷厂)设计室的设计员马次航同志设计的。据设计人回忆,当时还曾因为设计这套邮票而被反动势力列入黑名单,受到恐吓。"

"广州解放纪念"邮票的主图是海珠桥。海珠桥当时是广州的地标,于1929年动工兴建,1933年建成通车。广州解放前,其是市内唯一的一座跨珠江南北的大桥。1949年10月14日广州解放的当天下午,国民党残部撤退时将海珠桥炸毁。广州市人民政府于1950年3月重修,11月修复通车。

关于邮票承印公司。利冠棉在文章中称:"据我最近获悉,这套邮票是在广州尚未解放,我们党驻香港秘密组织委托当时比较进步的永发印刷厂印制的。"

香港永发印务公司是一家历史悠久的老字号印刷企业，成立于1913年。为配合南洋兄弟烟草公司抵制英美外烟入侵，三位先驱在香港岛中环创办了一间小型印刷厂。经过多年的不断发展壮大，该印刷厂成为香港有较大影响力和实力的印务公司。除了承印"广州解放纪念"邮票外，1949年还印刷过毛泽东和朱德的宣传肖像以及华南解放区统一的本位币南方人民银行纸钞。中国实行改革开放政策后，该公司较早在内地多个省份投资设厂。

广州毗邻港澳地区，在世界各地华侨华人众多，贴"广州解放纪念"邮票信件寄往香港（图4）、澳门（图5）地区以及其他国家（图6），客观上达到了宣传广州解放和新生人民政权的效果。

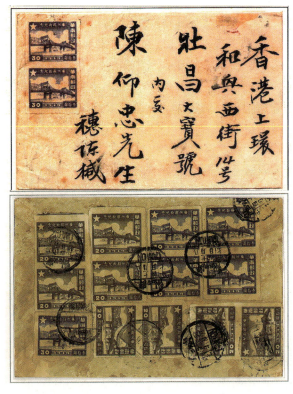

图4　邮票发行首日自然实寄封［广州（1949.11.4）寄香港，正面贴两枚票（漏销），背面贴13枚票，邮资370元］

趣说"广州解放纪念"邮票

图5 汕头（1949.11.25）寄香港（11.30）实寄封［混贴邮票九枚，盖汕头"庆祝汕头解放纪念"戳（汕头于1949年10月24日解放）］

图6 广州（1949.12.31）寄美国实寄封［贴三枚30元改值300元和一枚未改值100元邮票，邮资1000元，票销无年份的邮戳］

"广州解放纪念"邮票的发行，比较及时地解决了广东、广西解放后的用邮问题，同时使用者通过贴有纪念邮票的信件向境外各地，特别是港澳地区和东南亚地区华人华侨宣传广州解放。"广州解放纪念"邮票记录了广州解放的那段历史，唤起广州市民的记忆，是中国解放区邮票中具有独特意义的一套邮票。

参考文献

[1] 卢荻. 广州通史：当代卷［M］. 北京：中华书局，2010.

[2] 本社. 中国解放区邮票目录［Z］. 北京：人民邮电出版社，1993.

[3] 傅骥. 广州解放纪念邮票及其加盖票研究［M］. 广州：广州邮史研究会，2010.

[4] 傅骥. 解密1949："广州解放纪念"邮票发行单位考证［C］//庆祝中华人民共和国成立七十周年优秀集邮学术论文集. 北京：中华全国集邮联合会，2019.

（文/李升平）

新中国发行的各种广州题材的邮票

广州是千年商都,商业和对外贸易长盛不衰。广州又是近现代民主革命的策源地。100多年来,不少革命重大事件在广州发生,许多重要的领导人物都曾在广州从事党的工作,1923年中共三大在广州召开,1926年毛泽东在广州主办第六届农民运动讲习所。

新中国成立以来,广州的社会主义革命和建设不断向前推进,许多重大的经贸活动在广州进行,广州是改革开放的前沿地和先行地。国家邮政部门发行了众多与广州关联的邮票,记录了广州百年来发生的重大政治、经贸、文化、体育等事件和具有重要影响的人物以及岭南风物。

下文基本上按照事件发生的先后顺序收集、整理、录入了40余种国家邮政发行的各种广州题材的邮票。

2018年7月19日,国家邮政发行2018-19J"近代民族英雄"纪念邮票,全套5枚。其中,(5-5)主图为1894年在黄海甲午海战中与日军作战英勇牺牲的北洋舰队致远号舰长邓世昌(图1)。

1961年6月20日,国家邮政发行纪87"詹天佑诞生一百周年"纪念邮票,全套2枚,(2-1)主图为詹天佑像,(2-2)为京张铁路(图2),设计者吴建坤。

方寸之间的家国情怀

图1 "近代民族英雄"纪念邮票之邓世昌

图2 "詹天佑诞生一百周年"纪念邮票（全套）

2006年11月12日，国家邮政发行2006-28J"孙中山诞生一百四十周年"纪念邮票，全套4枚。其中，（4-3）主图为广州中山纪念堂与孙中山全身雕像，（4-4）主图为中山大学怀士堂外景（图3），设计者阎炳武。

图3 "孙中山诞生一百四十周年"纪念邮票之中山纪念堂和中山大学怀士堂

1981年10月10日，国家邮政发行J68"辛亥革命七十周年"纪念邮票，全套3枚，其中（3-2）主图为黄花岗七十二烈士墓（图4），设计者李印清。

新中国发行的各种广州题材的邮票

图4 "辛亥革命七十周年"纪念邮票之黄花岗七十二烈士墓

1971年7月1日,国家邮政发行编12"庆祝中国共产党成立五十周年1921—1971"邮票,其中,编13主图为广州农民运动讲习所旧址大成门(图5),设计者许彦博。

图5 "庆祝中国共产党成立五十周年"邮票之广州农讲所大成门

1971年9月25日,国家邮政发行普14"革命圣地图案(第三版)"普通邮票,全套11枚。其中,一枚面值2分的主图为1926年毛泽东同志主办的第六届广州农民运动讲习所旧址棂星门(图6)。

从1974年4月1日开始,国家邮政发行普16"革命圣地图案(第四

图6 "革命圣地图案(第三版)"普通邮票之广州农讲所棂星门

271

版)"普通邮票,全套 14 枚。其中,1975 年 11 月 12 日发行面值 2 分的主图为广州农民运动讲习所旧址大成门(图 7),设计者孙传哲。

图 7 "革命圣地图案"(第四版)普通邮票之广州农讲所大成门

1985 年 5 月 1 日,国家邮政发行 J109 "中华全国总工会成立六十周年"纪念邮票,全套 1 枚。主图为中华全国总工会 1925 年成立时的会址——广州惠州会馆(图 8),设计者吴建坤。

图 8 "中华全国总工会成立六十周年"纪念邮票之会址——广州惠州会馆

2012 年 5 月 4 日,国家邮政发行 2012-8J "中国共产主义青年团成立九十周年"纪念邮票,全套 2 枚。(2-1)主图背景为 1922 年团一大旧址——广州东园门楼(图 9),设计者李志宏。

新中国发行的各种广州题材的邮票

图9 "中国共产主义青年团成立九十周年"纪念邮票之
团一大旧址——广州东园门楼

1994年6月16日,国家邮政发行1994-6"纪念黄埔军校建校七十周年"邮票,全套1枚。主图为1924年创立的黄埔军校旧址(图10),设计者任宇。

图10 "纪念黄埔军校建校七十周年"邮票之黄埔军校旧址

2014年6月16日,国家邮政发行2014-12J"纪念黄埔军校建校九十周年"邮票,全套1枚,系李群、陈旭根据潘嘉俊的油画《1924·黄埔军校》设计的(图11)。

图11 "纪念黄埔军校建校九十周年"邮票之潘嘉俊油画《1924·黄埔军校》

方寸之间的家国情怀

1985年6月13日，国家邮政发行J111"冼星海诞生八十周年"纪念邮票，全套1枚。主图为冼星海半身雕像（图12），设计者陈晓聪。

图12 "冼星海诞生八十周年"纪念邮票

1949年11月4日，广州市军事管制委员会交通接管委员会发行"广州解放纪念"邮票，全套5枚，面值分别为10元、20元、30元、50元、100元。主图为海珠桥（图13），由香港永发印刷厂的设计者马次航设计，并由该厂承印。此套邮票主要在广东、广西地区出售使用，1950年9月1日起停用。

图13 "广州解放纪念"邮票（全套）

1987年4月28日，国家邮政发行J138"叶剑英同志诞生九十周年"纪念邮票，全套3枚（图14）。（3-1）主图为"峥嵘岁月"，（3-2）为"开国元勋"，（3-3）为"满目青山"，设计者杨正方、李贵君、石良。

新中国发行的各种广州题材的邮票

图 14 "叶剑英同志诞生九十周年"纪念邮票（全套）

1973年10月15日，国家邮政发行编95"中国出口商品交易会"邮票，全套1枚。主图为坐落在海珠广场的中国出口商品交易会大楼外景（图15），设计者杨白子。

图 15　1973年"中国出口商品交易会"邮票

1974年10月15日，国家邮政发行T6"中国出口商品交易会"邮票，全套1枚。主图为位于流花路东侧的中国出口商品交易会新馆大楼外景（图16），设计者杨白子。

图 16　1974年"中国出口商品交易会"邮票

方寸之间的家国情怀

2006年10月15日,国家邮政发行2006-24T"中国出口商品交易会"特种邮票,全套1枚,纪念广交会举办100届。主图由飘带、数字0和字母C构成"100"(图17),设计者凌连伟,摄影者钟慧莲。

图17 2016年"中国出口商品交易会"特种邮票

1991年11月6日,国家邮政发行J185"第一届世界女子足球锦标赛"纪念邮票,全套2枚(图18)。(2-1)主图系王虎鸣根据广州美术公司何世德创作的锦标赛徽志设计。

图18 "第一届世界女子足球锦标赛"纪念邮票(全套)

2009年6月30日,国家邮政发行2009-13J"第16届亚洲运动会"纪念邮票,全套2枚(菱形,图19)。(2-1)主图系根据广州越秀公园五羊雕像创意设计的会徽，（2-2）为吉祥物"羊羊"，设计者方军。

图19 "第16届亚洲运动会"纪念邮票（全套）

2010年9月3日，国家邮政发行2010-13J"2010年亚洲残疾人运动会"纪念邮票，全套1枚（西关花窗）（图20）。主图为运动会的吉祥物芬芬，一朵绽放的木棉花，五片舞动的花瓣，一张灿烂的笑脸，设计者沈嘉宏。

2010年11月12日，国家邮政发行2010-27J"第16届亚洲运动会开幕纪念"邮票，全套6枚（图21），主图分别为(6-1)"羽毛球"，(6-2)"武术"，(6-3)"田径"，(6-4)"马术"，(6-5)"龙舟"，(6-6)"围棋"，设计者尚盈。

图20 "2010年亚洲残疾人运动会"纪念邮票

方寸之间的家国情怀

图21 "第16届亚洲运动会开幕纪念"邮票（全套）

2010年6月28日，国家邮政局发行2010-16T"珠江风韵·广州"特种邮票，全套4枚（图22）。主图分别为（4-1）"五羊衔谷"、（4-2）"广州大剧院"、（4-3）"珠江歌韵"和（4-4）"广州国际会议展览中心"，设计者郭承辉。该套邮票是新中国成立以来，国家邮政首次为广州发行城市题材的邮票。

新中国发行的各种广州题材的邮票

图22 "珠江风韵·广州"特种邮票（全套）

2004年5月15日，国家邮政发行2004-10T"侨乡新貌"特种邮票，全套4枚。其中，（4-2）主图为暨南大学正门（图23），设计者殷会利。

图23 "侨乡新貌"特种邮票之暨南大学

2008年9月28日，国家邮政发行2008-28T"机场建设"特种邮票，全套3枚。（3－3）主图为广州白云机场（图24），设计者李志宏。

图24 "机场建设"特种邮票之白云国际机场

2010年11月20日，国家邮政发行2010－28T"中医药堂"邮票，全套4枚。（4－4）主图为"陈李济"（图25），设计者李晨。

图25 "中医药堂"邮票之广东陈李济

1998年1月18日，国家邮政发行1998－2T"岭南庭园"特种邮票，全套4枚。其中，（4－2）主图为番禺余荫山房（图26），设计者郭承辉、阎炳武、潘可明。

图 26 "岭南庭园"特种邮票之番禺余荫山房

2017年10月15日，国家邮政发行2017-25T"粤剧"特种邮票，全套3枚（图27）。主图分别为（3-1）《香花山大贺寿》，(3-2)《六国大封相》、(3-3)《玉皇登殿》，设计者张旺。

图 27 "粤剧"特种邮票（全套）

2018年5月11日，国家邮政发行2018-10T"当代美术作品选（二）"特种邮票，全套3枚。其中，(3-2)主图系设计者史渊根据关山月的原画《秋溪放筏》设计的（图28）。此画是关山月的晚年代表作，于1983年创作于广州，曾发表于1986年10月的《人民画报》。

方寸之间的家国情怀

图28 "当代美术作品选（二）"特种邮票之关山月《秋溪放筏》

2019年9月26日，国家邮政发行2009-21T"粤港澳大湾区"特种邮票，全套3枚（图29）。其中，(3-2)(3-3)图案有广州元素，小全张边纸上印有广州塔、中山大学怀士堂图案，设计者韩秉华。

图29 "粤港澳大湾区"特种邮票（全套）

（文/李升平）

邮说"广交会"

每当人们提到广州的商业贸易活动时,首先想到的往往是广州的中国进出口商品交易会。根据资料记载,周恩来总理在视察第一届中国出口商品交易会并接见外贸部有关负责人时表示:中国出口商品交易会这一名称太长了,既然在广州举办,那就称为"广交会"。

于是,"广交会"这一简称一直使用到现在。随着中国进出口商品交易会的影响越来越大,"广交会"也随之深入人心,成了广州的一个品牌。

中华人民共和国成立后,百废待兴,为打破西方国家对中国实行的"经济封锁""货物禁运",解决国家大规模经济建设对于外汇出口多种物资的急切需求,从1955年到1957年,广东省外贸系统凭借广东毗邻港澳的地缘优势,先后在中苏友好大厦和侨光路陈列馆举办了五届中国出口商品展览交流会。1957年3月,经国务院批准,中国出口商品陈列馆在广州正式成立,同年4月25日至5月25日,第一届中国出口商品交易会就在中苏友好大厦举行。从1957年起,广交会每年分春、秋两届定期在广州举办。由于初办,场地规模小,交易品种受到限制。从1959年第六届广交会开始,会场由原来的侨光路陈列馆搬迁到广州起义路1号海珠广场新落成的广交会展馆,展馆楼高10层,总建筑面积4.02万平方米。从1959年第六届至1973年第34届,在海珠广场广交会展馆共举行了14年共29届广交会。从1957年第1届到1973年第34届,17年间总出口成交金额达132亿美元。

> 方寸之间的家国情怀

当年海珠广场广交会展馆内没有设立邮政所，参展商和来宾需要投寄邮件、信函只能在最近的起义路邮政所投寄（图1）。

图1　广交会参展商投寄的邮件

1973年，国家邮政部门首次发行了广交会题材邮票全套1枚，面值8分（图2），编95"中国出口商品交易会"，画面描绘的是海珠广场广交会展馆正面全景图。

图2　中国出口商品交易会邮票

随着来中国参加广交会的世界各国客商人数和交易商品种类增多，交易金额不断递增，海珠广场广交会场馆显得难以应付。经国务院和国家外贸部批准，1974年在流花路117号新建并使用新展馆，总建筑面积11万平方米，面积比海珠广场广交会展馆扩大近三倍。第35届广交会开始使用流花路新展馆，该馆共举办了69届，历时34年。从1974年第35届到2006年第100届，出口成交金额达到6045亿美元。

1974年10月15日国家邮政部门发行了T6"中国出口商品交易会"邮票全套1枚，面值8分（图3），图案为流花路广交会展馆正面图案，大楼外墙镶嵌着全国人大常委会副委员长郭沫若手书"中国出口商品交易会"金色大字。

图3 "中国出口商品交易会"邮票

流花路广交会新展馆是一座多功能的大型展馆，其中有书刊邮票馆，客商也乐意在书刊邮票馆选购邮票（图4）。邮政部门也成立了中国邮票出口公司（图5），使邮票成为一种交易商品。自第43届广交会开始，原来的书刊邮票馆改为邮票馆。

方寸之间的家国情怀

图4　书刊邮票馆一角

图5　中国邮票出口公司邮品

流花路广交会新展馆在投入使用的同时设立了临时邮政所，方便客商、来宾投寄书信邮件。临时邮政所起初使用编号97的邮戳。1988年10月，展馆内邮政所改用邮编510014作为馆内临时邮戳（图6、图7），广交会展馆寄出信件加盖邮编510014专用邮戳。1997年10月开始，邮政所改用"交易会"文字邮戳，该邮戳直到2006年第100届广交会闭幕后停止使用。

图6　1988年10月展馆内邮政所临时邮戳

图7　1988年10月展馆内邮政所临时邮戳

邮说"广交会"

1979年4月，经国务院批准，将广交会常设机构即流花路广交会展馆正式命名为"广州对外贸易中心"（图8），实寄公函封，同时启用由"中国出口商品交易会"英文缩写"CECF"与广交会展馆大楼正面的形状组成的图案作为广交会的标志。

图8 "广州对外贸易中心"实寄公函封

1980年第48届广交会纪念戳主图案由流花展馆大楼正面和CECF组成（图9）。1983年10月15日第54届广交会，广东省邮票公司发行了纪念封一枚，左下图案为枣红色衬底，主图为椰子树和流花路展馆正面图，下方是广交会全称英文缩写CECF，贴一枚T6邮票，纪念戳图案是国旗、展馆和"54"（图10）。1987年第61届广交会，广州市邮票公司制作了一枚纪念戳，上端为第61届中国出口商品交易会，中间使用英文缩写字母CECF，没有广交会展馆正面图案（图11）。

方寸之间的家国情怀

图9　1980年第48届广交会纪念戳

图10　1983年第54届广交会，广东省邮票公司发行了纪念封

图11　第61届广交会纪念戳

　　1998年，为庆祝第83届和第84届广交会开幕，广州市邮票公司分别制作了一枚风景日戳，均以广交会流花展馆正面为主图案，左边是"红棉花"，没有英文字母CECF，上面为"中国出口商品交易会"，下面分别是时间：1998.4.15和1998.10.15.18（图12、图13）。

邮说"广交会"

图 12　第 83 届广交会风景日戳

图 13　第 84 届广交会风景日戳

　　1999 年 5 月 23 日在广交会流花展馆举办第 19 届全国最佳邮票颁奖活动时制作了一枚临时纪念戳，使用时间到当天 17 时为止，直径 30 毫米，主图为广交会展馆及红棉花（图 14）。2003 年，广州市邮票公司发行了一枚纪念封，庆祝第 93 届广交会开幕。封左下角为红棉花和流花展馆侧面图，展现了第 93 届广交会开幕的场景（图 15），没有在展馆内加盖"交易会"文字邮戳，只是在流花展馆附近邮筒投寄。

图 14　第 19 届全国最佳邮票颁奖活动临时纪念戳

方寸之间的家国情怀

图15　第93届广交会纪念封

广交会展馆于1959年由侨光路陈列馆搬迁至海珠广场中国出口商品陈列馆，再于1974年搬迁到流花路中国出口商品交易会新馆，三易其地，成为维系中国与世界各国（地区）关系的纽带之一，以及其他国家和地区通过外贸了解中国政治、经济、文化的主要窗口。经历了改革开放和经济高速发展时期，建立社会主义市场经济体制和融入经济全球化后，对外出口贸易成交金额突飞猛进，广交会展馆从一个单纯洽谈出口贸易的场所跃升为更多的外贸企业提供走向国际市场通道的交易平台。

随着改革开放的不断深入和扩大，出口贸易已经不能满足我国经济发展的需要，因此国家做出了重大调整，广交会不但要开展出口商品贸易，还要开展进口商品贸易，吸引全世界客商参展，开展贸易和投资。2006年10月15日，广州迎来了第100届中国出口商品交易会，时任国务院总理温家宝出席第100届广交会开幕式，并宣布从第101届广交会起，"中国出口商品交易会"将改为"中国进出口商品交易会"。

国家邮政部门为庆祝第100届广交会开幕，发行了纪念邮票，全套1枚，面值80分（图16）。邮票图案为美术数字100，个位"0"中间为流花路广交会展馆缩略图，凸显郭沫若手书"中国出口商品交易会"金色大字。同时，中国邮票总公司也发行了绒面明信片1枚，主图案是100，数字"1"旁边是竖着排列的"1957—2006"，主图下半部分是广州国际会展中心（图17）。2007年5月第101届广交会升级为"中国进出口商品交易会"（图18）。

 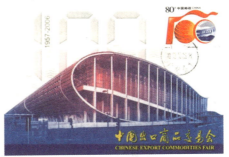

图16　第100届广交会纪念邮票　　图17　广州国际会展中心明信片

图18　从2007年第101届广交会起，"中国出口商品
　　　交易会"改为"中国进出口商品交易会"

随着我国改革开放的不断深入和加入世界贸易组织的重要机遇，广交会出口贸易成交金额不断倍增。广交会从第101届开始，由单一

方寸之间的家国情怀

的出口商品贸易调整成为进出口商品贸易，在场地展览、功能、交易性质上出现重大转变。流花路广交会展馆已难以适应广交会发展的需要，因此从2008年秋季开始，广交会全部搬迁到广州市海珠区琶洲广州国际会议展览中心新展馆。展馆总建筑面积达到110万平方米，分为A、B、C馆，展位6万个，是亚洲规模最大、设施最先进、标准档次最高的国际展览中心（图19）。

图19　广州市海珠区琶洲广州国际会议展览中心新展馆

广交会新展馆位于广州市海珠区新港中路，邮政投递属于原赤岗邮政支局，2008年赤岗邮政支局改为"会展中心邮局"。为庆祝2008年第103届广交会开幕，发行了个性化邮票，主图为数字103，中间的"0"呈圆形地球地图，用不同颜色凸显中国版图，下面是中国进出口商品交易会标志。广州市邮票公司同时发行了纪念封一枚，左下图案为流花路展馆和琶洲展馆。纪念戳为"第103届中国进出口商品交易会"，中间的"0"呈现为流花路展馆和琶洲展馆缩略图，下面为"中国·广州2008.4.15"字样，分别加盖流花邮局邮戳和会展中心邮局邮戳，以示新旧展馆的所在地（图20、图21）。2009年4月第105届广交会，展馆内设立临时邮局并使用"广州·广交会"文字邮戳，于广交会开幕期间向参展商和所有人员提供邮政服务和邮

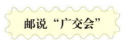

票盖戳纪念，其余时间临时邮局歇业。这是广交会创办以来有了真正意义上带有"广交会"文字的邮戳（图22、图23）。

图20　2008年为第103届广交会发行的个性化邮票（流花邮戳）

图21　2008年为第103届广交会发行的个性化邮票（会展中心邮戳）

方寸之间的家国情怀

图22　第124届广交会馆内设立临时邮局并使用"广州·广交会"文字邮戳

图23　第125届广交会馆内设立临时邮局并使用"广州·广交会"文字邮戳

邮说"广交会"

2010年邮政部门发行了（T）2010-16"珠江风韵·广州"邮票，全套4枚，每枚面值1.20元，以广州中轴线地标性建筑为设计题材，其中（4-4）邮票是广州国际会议展览中心广交会新展馆（图24）。广交会新展馆不但是中国进出口商品交易会落户广州的大型综合性交易展览平台，更是新时代广州中轴线南移地标性建筑，这从邮票《珠江风韵·广州》（4-4）中可以充分体现出来。

图24 "珠江风韵·广州"邮票（全套）

中国出口商品交易会落户广州以来，国家邮政部门以广交会为题材发行了邮票四次。其中，前三次是单独发行，第四次是以"珠江风韵·广州"地标性建筑为题材，（4-4）便是广州国际会展中心广交会新展馆。此外还有个性化邮票、广东省和广州市邮票公司发行的首日封、纪念封、明信片、纪念戳、风景日戳、临时日戳、展馆内临时邮局编号邮戳、邮编数字邮戳、文字邮戳等，不但为参展商、来宾、邮政使用者提供邮政服务，更为广大集邮爱好者提供不同种类的收藏邮品和具有纪念意义的邮戳。

截至2019年4月，中国进出口商品交易会在广州共举办了125届，时间跨度64年，从原中苏友好大厦、侨光路陈列馆、海珠广场广交会展馆、流花路对外贸易中心展馆到琶洲广州国际会议展览中心展馆，每一次场馆的变迁都是规模和功能的升华，几乎每一个场馆的贸易成交金额都以几何级递增和飞跃。甚至联合国物品采购团也开进广交会完成采购（图25）。广交会成为全世界瞩目的进出口贸易商品交易舞台。以广交会为题材的邮品成为深受人们欢迎的收藏品。

图25　联合国采购说明会

参考文献

[1] 中国对外贸易中心. 百年辉煌：中国出口商品交易会100届纪念 [M]. 广州：南方日报出版社. 2006.

[2] 广州市集邮协会学委会. 2018年广州—佛山集邮学术研讨文集 [C]. 广州：广州市集邮协会学委会，2018.

[3]《中国集邮百科全书》编辑委员会. 中国集邮百科全书 [Z]. 北京：人民邮电出版社，1996；1998.

（文/程嘉崇）

广州地铁与邮票

广州地铁1号线通车与邮票纪念

广州是继北京、天津、上海之后，中国内地第四个建造地铁的城市。广州建造的第一条地铁——广州1号线，东起广州火车东站西至芳村西塱，于1993年12月18日动工，1997年6月28日通车。

为了建成这条线路，广州市政府做出了很大的努力，动员广州市中山一路到中山七路沿线的居民群众，从热闹的广州市中心搬迁到边远地区居住，得到了搬迁居民的积极支持。他们这种无私奉献的精神将永远载入广州地铁建设的史册，值得后人尊敬。为了纪念广州1号线通车，国家邮政部门委托已经退休的邮票设计家卢天骄设计了JP61"广州地铁通车"纪念邮资明信片（1-1），面值40分，1997年6月28日发行（图1）；又由广州市对外文化交流协会策划，广州市邮票公司发行"九七"系列编号为GZ97-8r的纪念封"广州市地铁一号线首段通车纪念"，该封由黄汝鸿设计（图2）。

广州地铁1号线的通车，为广州地铁其他线路继续兴建提供了宝贵的经验，打下了良好的基础。

先后兴建的广州地铁各条线路与邮政纪念

地铁1号线开通后，广州继续兴建其他线路，并与佛山市地铁连

方寸之间的家国情怀

图1 "广州地铁通车"纪念邮资明信片

图2 "广州市地铁一号线首段通车纪念"纪念封

接。迄今，广州建成了1号、2号、3号、4号、5号、6号、7号、8号、9号、13号、14号、18号、21号、APM线和广佛线等多条线路。

"广州—佛山地铁新干线"于2007年6月28日动工，由广佛轨

广州地铁与邮票

道交通有限公司策划,广州市邮票公司发行编号为 GZ2007-12 的"珠江三角洲城际快速轨道交通广州至佛山段项目开工纪念"首日挂号实寄封(图3);2010 年 11 月 3 日由广州市邮票公司发行"珠江三角洲城际快速轨道交通广州至佛山段(魁奇路—西朗)通车纪念"版票的实寄封(图4),以及"珠江三角洲城际快速轨道交通广州至佛山段(魁奇路—西朗)通车纪念"广告邮资明信片,面值 80 分 GDP-006(图5、图6)。

图3 "珠江三角洲城际快速轨道交通广州至佛山段项目开工纪念"实寄封

图4 "珠江三角洲城际快速轨道交通广州至佛山段(魁奇路—西朗)通车纪念"实寄封

方寸之间的家国情怀

图5 "珠江三角洲城际快速轨道交通广州至佛山段(魁奇路—西朗)通车纪念"明信片

图6 "珠江三角洲城际快速轨道交通广州至佛山段(魁奇路—西朗)通车纪念"明信片

广州地铁2号线于1999年6月28日动工，2003年6月28日投入使用，北起三元里，南至琶洲。2003年6月28日发行"广州地铁二号线（三元里—琶洲）开通试营运纪念"明信片（图7）。向2010年9月25日2/8线通车，2号线从昌岗站向南到广州南站，北到嘉禾望岗站；8号线东起万胜围站，西到沙园站，再向西到西塱站与广佛线连接直达佛山新城东。"广州市轨道交通二/八线通车纪念"广告邮资明信片GDPJ-004（图8、图9）于2010年9月25日发行；"广州市轨道交通二/八线通车纪念"版票实寄封（图10）于2010年9月25日发行。

图7 "广州地铁二号线（三元里—琶洲）开通试营运纪念"明信片

方寸之间的家国情怀

图8 "广州市轨道交通二/八线通车纪念"明信片

图9 "广州市轨道交通二/八线通车纪念"明信片

广州地铁与邮票

图10 "广州市轨道交通二/八线通车纪念"版票实寄封

广州地铁3号、4号线"广州市轨道交通三号线首段通车纪念"加印邮资明信片80分于2005年12月26日发行（图11）；"广州市轨道交通四号线大学城专线通车纪念"加印邮资明信片于2005年12月26日发行（图12）；"广州市轨道交通三号线通车纪念"个性化纪念邮票版票于2006年12月30日发行（图13）；"广州市轨道交通四号线（新造—黄阁段）通车纪念"邮票版票于2006年12月30日发行（图14）。

图11 "广州市轨道交通三号线首段通车纪念"明信片

方寸之间的家国情怀

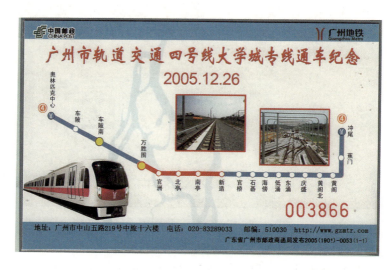

图12 "广州市轨道交通四号线大学城专线通车纪念"明信片

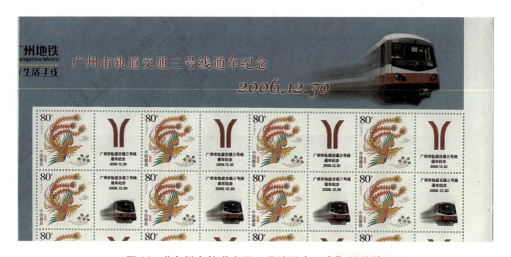

图13 "广州市轨道交通三号线通车纪念"明信片

图 14 "广州市轨道交通四号线（新造—黄阁段）通车纪念"明信片

"广州市轨道交通四号线（黄村—车陂南）通车纪念"个性化邮票版票实寄封于 2010 年 9 月 25 日发行（图 15）；"2010 广州地铁六条线开通及'亚运吉祥号'纪念"个性化邮票于 2010 年 11 月 3 日发行，包括（黄村—车陂南）（魁奇路—西朗）（二/八线）（赤岗塔—林和西）（机场南—广州东站）"亚运吉祥号"个性化纪念邮票（图 16）。

图 15 "广州市轨道交通四号线（黄村—车陂南）通车纪念"明信片

方寸之间的家国情怀

图16 "2010广州地铁六条线开通及'亚运吉祥号'纪念"明信片

广州地区地铁建设快速、持续不断，伴随着一条条线路的开通，邮政、邮票和地铁有限公司先后发行纪念封、明信片，见证和记录了广州地铁线路的开通和发展历程。此外也增加了集邮的品种，丰富了集邮者的收藏，为地铁邮品研究提供了更多的素材，催生了广州地铁集邮协会这一广州新的行业集邮协会，为推动地铁集邮爱好者开展集邮活动发挥了积极的作用。

广州地铁各条线路开通的纪念封、明信片，表明广州地铁的建设从无到有、线路由少至多，这与中国实行改革开放政策息息相关。可以这样说，没有改革开放政策，广州兴建地铁的时间不会那么早，更不可能在短短20多年间就快速建设了十多条线路。如今四通八达的广州地铁交通网，为广州市及周边已通地铁的城市、乡村居民的出行、生产、生活提供了很大的便利。地铁建设改变了居民生活。

（文/邹道崇）

第四篇

港澳地区邮票

本篇汇集了中国对香港、澳门地区恢复行使主权之前英国和葡萄牙发行的邮票，以及恢复行使主权之后香港、澳门特别行政区政府发行的邮票。

香港回归前的维多利亚女王头像普通邮票
——从"咸菜王"的故事说起

英国女王维多利亚（Queen Victoria）1837—1901年在位，其间香港共发行通用邮票八次。首套邮票发行于1862年12月8日，直至爱德华七世于1903年1月发行登基以来第一套通用邮票止，维多利亚女王邮票足足用了40年。维多利亚女王普通邮票共有60多种，款色多：有无水印或不同水印、改颜色、加印改面值、齿孔度数不同等等，还有不少异色变体邮票，令人眼花缭乱。收集起来相当困难，金钱花费巨大。但其中不少是名贵邮票和世界珍邮，能拥有数枚已足以满足集邮的乐趣。

下图为广州地方志馆特藏室收藏的中国香港在英国殖民统治初期的第一张邮票和维多利亚女王头像普通邮票（又称"咸菜王"邮票）。

香港第一张邮票

"咸菜王"邮票

方寸之间的家国情怀

缘起

美国中西部大平原艾奥瓦州一家孤儿院接受社会上的各种捐赠，包括世界各地的邮票，其中不乏珍邮。孤儿院的经理史蒂夫（Steve）是一位热心的集邮爱好者，在院内建了一个集邮中心，培养小朋友们从小对集邮的爱好，指导他们对邮票进行鉴别和分门别类，然后在附近城镇展销。笔者原本很少收集香港邮票，却在 30 多年前有缘认购了上图这枚珍贵的 1865 年发行的 Scott 目录编号 23 的维多利亚女王橄榄棕色的 96 先时（cents）邮票。它是错色邮票，新票存世数量极少，集邮界不时把 96 先时橄榄棕色邮票四方连与清代红印花小字"当壹元"相提并论。就是这枚邮票，引发了笔者对收集其他维多利亚女王头像香港普通邮票的兴趣，从此欲罢不能。以下两套全套的香港早期的普通邮票，是最为珍贵的香港邮票。

维多利亚女王头像第一次普通邮票（全套，1862 年发行，无水印）及异色变体票

下列邮票都是带有王冠ＣＣ水印的。

王冠ＣＣ水印

全套

异色变体邮票

维多利亚女王头像第二次普通邮票（全套，1863—1880年）及异色变体邮票四枚

> 方寸之间的家国情怀

"咸菜王"四方连，香港维多利亚女王像 96 先时橄榄棕色四方连带原胶邮票被誉为当今最重要的香港历史邮品，为全球存世孤品，目前已经引起全球集邮界的高度关注。

"咸菜王"四方连

维多利亚女王橄榄棕色的 96 先时邮票是香港最有名气的一枚邮票，也是香港邮票中价格最贵的珍邮。它的昂贵之处在于其色泽的棕色变异，原票是墨绿色。此枚邮票发行量少，只发现在厦门和上海两个通商口岸使用过，存世量极少。至目前，只发现三十五六枚新票存世。其中，四方连是国际孤品。多年前，笔者曾经看到一则伊丽莎白二世女王的邮集里有一个六方连的信息，现在已经无从考究。香港集邮界已经将此款存世的新票视同清朝红印花"小字当壹圆"一样珍贵，并根据每枚的特征进行了编号。

印花税票当邮票（1874 年）

香港回归前的维多利亚女王头像普通邮票

第一次加盖改值(全套,1876年)

第二次临时十进制改值(全套,1879—1880年)

打孔邮票也叫"针孔邮票""凿孔邮票"等,一般作为公司或公文贴用邮票。这种设计非但没有被认为破坏邮票的完整性,反而是专题邮集的好素材,是比较难得的邮票。

打孔邮票

如无特别说明，下列邮票都是带有王冠ＣＡ水印的英女王头像邮票。

第三次普票（全套，1882—1902年）

王冠ＣＡ水印

异色变体邮票

第三次加盖改值邮票（全套，1885年）

香港回归前的维多利亚女王头像普通邮票

印花税票当邮票（全套，1890年）

第五次加盖中文改值邮票（全套，1891年）　　　异色变体邮票

第六次加盖改值邮票（全套，1891年，左王冠ＣＡ水印，右王冠ＣＣ水印）

第七次、第八次加盖中文改值邮票（全套，1898年）

（文／黄绍锵）

如何鉴别香港回归前的几种英王头像普通邮票

浏览过广州市地方志馆特藏室收藏的中国香港在英国统治初期的维多利亚女王头像普通邮票（简称"普票"）之后，接着可以看到维多利亚女王之后的四代英王头像普通邮票，它们也是这些普通邮票之中的大多数。

踏入20世纪，香港通用邮票的式样基本维持不变，唯一不同的是邮票上的英国君主头像。维多利亚女王于1901年逝世，香港邮票于1903年起改用继位的英王爱德华七世①头像。在这套新款邮票中，英王头像置于椭圆形框架内，上方加添一顶王冠，令头像图案更加突出。为符合万国邮政联盟的最新要求，自此发行的香港邮票皆以阿拉伯数字显示其面值。至于中文面值单位"先时"已不复见，取而代之的是"先"。当时香港邮票的最低面值已由2先减至1先，最高面值则由96先激增至10元。

一、区别两种爱德华七世头像通用邮票

香港邮政部门从1903年1月到1911年共发行过两次爱德华七世头像通用邮票，区别在于水印不同。

---

① 爱德华七世，《伦敦时报》称他是"有远见的，受人爱戴的，谨慎的，勇敢的而且是机智的人"。

如何鉴别香港回归前的几种英王头像普通邮票

王冠ＣＡ水印

混合王冠ＣＡ水印

爱德华七世第一次普票（1903年，王冠CA水印）

爱德华七世第二次普票（1904—1911年，混合王冠CA水印）

方寸之间的家国情怀

二、区别两种乔治五世头像通用邮票

1910年,爱德华七世病逝,乔治五世①继位,香港邮票的式样大致相同。香港从1912年1月到1937年共发行过两次乔治五世头像通用邮票,区别也是水印不同。

　　　混合王冠ＣＡ水印　　　　　　　混合草书ＣＡ水印

乔治五世第一次普票(全套,1912—1914年,混合王冠CA水印)

---

① 乔治五世开创了王室接近民众的作风。执政期间正值两次世界大战之间,他与民众共赴国难,广受欢迎和尊敬;是当时英国唯一一位具有政治经验而又超脱党派之争的政治家。

乔治五世第二次普票（全套，1921—1937年，混合草书CA水印）

爱德华七世和乔治五世头像看起来容易混淆，其实差别还是很大的。

爱德华七世头像邮票　　乔治五世头像邮票

三、区别三种乔治六世头像通用邮票

香港从1938年到1952年共发行过三次乔治六世头像通用邮票。

1936年，英王乔治六世登基。之前香港邮政部门从1903年开始发行以椭圆形框架设计头像为图案的通用邮票，此设计沿用超过30年后，回归维多利亚女王时期的设计式样，唯英王头像面向右方，而左右上角的纹饰亦换上王冠图案。当时香港邮票开始以"分"取代"仙"作为"cent"的译名，并以"角"代表"十分"，这种表述更贴近香港华人的日常用语。邮票面值由1分至10元不等。有不同纸质、同面值不同颜色、齿孔14度和14.5×14度的区别。在美国Scott目录中被归为两套。这一大全套邮票不容易收集齐全。特藏室收藏了新、旧各一套。

方寸之间的家国情怀

乔治六世普票大全套之 154—166A 号 ［（齿孔 14 度，1938—1948 年），最底的一排 155a–162a 号（齿孔 14.5×14 度）1941—1946 年，混合草书 CA 水印］

乔治六世普票全套之 154—166A 号（齿孔 14 度，1938—1948 年，混合草书 CA 水印）

四、区分五种伊丽莎白二世女王头像普通邮票

1952年，英王乔治六世去世，他的女儿伊丽莎白二世继位。至1997年中国中央政府对香港恢复行使主权，其间香港邮政共发行过伊丽莎白女王头像通用邮票六次。

混合草书ＣＡ水印

大楷ＣＡ向上水印

伊丽莎白二世头像第一次普票（全套，1954—1960年，混合草书CA水印）

伊丽莎白二世头像第二次普票（全套，1962年，大楷CA向上水印）

方寸之间的家国情怀

香港市花与盾徽邮票（全套，1968年，大楷CA向上水印）

大楷ＣＡ向上水印　　　　大楷ＣＡ向横水印

伊丽莎白二世头像第三次普票（全套，1973年，大楷CA向上/向横水印）

细王冠ＣＡ水印

伊丽莎白二世头像第三次普票

（全套，1976—1981 年，下排图为 Scott 目录编号 320—323 细王冠 CA 水印，其余无水印）

伊丽莎白二世头像第四次普票（全套，1982 年，细王冠 CA 水印）

方寸之间的家国情怀

伊丽莎白二世头像第五次普票（全套，1987年，Ⅰ型，无水印）

（文/黄绍锵）

香港回归前的明信片和首日封

1869年,世上首张明信片于奥地利寄出,当时的明信片甚至没有图案。时至今日,它已经成为最普遍的邮用文具。香港早期的明信片以石版单色方式印刷,这批明信片可以见证那些年的社会变迁。

据考,1908年4月21日香港寄菲律宾马尼拉的明信片见证了英国对香港进行殖民统治的历史,是目前所见香港最早的明信片。广州市地方志馆特藏室有一张香港100多年前的明信片:1874年,时任美国总统到访香港,香港建起了凯旋门,并发行明信片。

1874年,当时的香港政府为纪念美国总统访问香港而发行的明信片

方寸之间的家国情怀

除此之外，笔者还收藏了其他时期的几张香港明信片，读者或许能从中管窥时代的变迁。

1930年10月19日香港疍家人①寄美国的明信片

---

① 居住在船上的水上居民。

香港回归前的明信片和首日封

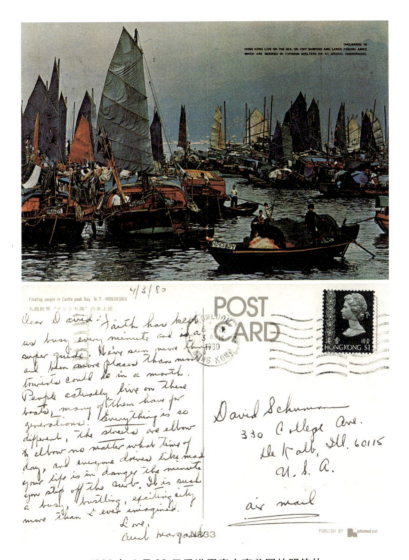

1980年4月30日香港疍家人寄美国的明信片
（背面图案的渔船样貌和几十年前大不相同）

方寸之间的家国情怀

1938年1月19日贴印花税票一枚寄香港首日封
（税票当邮票使用，仅使用了10天时间）

香港回归前的明信片和首日封

1937年4月29日香港寄旧金山首航封（当时美国最大的航空公司泛美航空公司最早尝试建立跨太平洋航空邮路，承载邮件的马丁公司四引擎大型水上飞机被命名为"中国飞剪号"）

方寸之间的家国情怀

1937年4月29日香港寄关岛首航封

（文/黄绍锵）

香港印花税票当邮票，最短的只用了10天

香港在回归前，曾有多次将印花税票当邮票使用的情况，它们大多数比较珍贵。广州市地方志馆特藏室就珍藏了四枚不同时期的当邮票使用的印花税票：1874年两枚、1890年和1938年均为全套一枚。

当邮票使用的印花税票（1874年）

当邮票使用的印花税票（1890年）　　当邮票使用的印花税票（1938年）

方寸之间的家国情怀

值得一提的是，1938 年的这一枚邮票只有 10 天的使用期限，从 1938 年 1 月 11 日到 1 月 21 日。

下图是 1938 年 1 月 19 日的印花税票当邮票使用的实寄封。

印花税票当邮票使用的实寄封

（文/黄绍锵）

香港和澳门的首航封

——太平洋航空邮路开通纪念

  1937年4月28日和4月29日是值得纪念的日子,太平洋航空邮路正式开通。广州市地方志馆特藏室收藏了三枚纪念邮路发行的首航封,首航封上盖有首航戳。

1937年4月29日香港寄美国旧金山首航封(落地戳时间为5月4日)

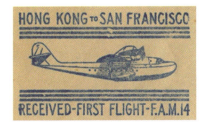

香港寄旧金山首航戳

方寸之间的家国情怀

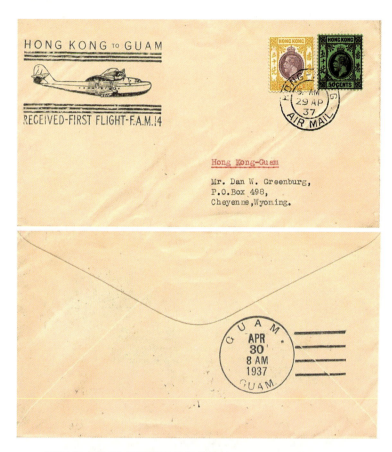

1937年4月29日香港寄关岛首航封（落地戳时间为4月30日）

香港寄关岛首航戳

香港和澳门的首航封

1937年4月28日澳门寄旧金山首航封

澳门寄旧金山首航戳

方寸之间的家国情怀

附："中国飞剪号"开启中美航邮交流

中美直接经贸往来可以追溯到1784年，那时的美国商船横渡2.5万公里航路，从大西洋绕过好望角，再经印度洋和南海抵达中国广州。中美经由太平洋直通邮件从1867年开始，由旧金山市到香港的邮轮传递；到了1937年，跨越太平洋的航空邮路开辟。

首航戳上的是"中国飞剪号"飞机图形。"中国飞剪号"是马丁公司M-130四引擎大型水上飞机。

飞机搭载邮件试验始于1908年。1911年，美国开办航空邮政。1919年，邮件不间断地飞过大西洋。中国航空邮政始于1920年5月7日，1921年7月1日北洋政府中国航空署开办京沪航线，先开辟北京至济南段，航空邮务自此开始，并发行了中国第一套航空邮票。1924年8月21日，中国正式开办国际航邮业务，为利用美国在西半球的航空邮务，中国邮件可由天津、上海、广州等地邮局汇总交邮轮运至美国西海岸，转美国航空邮路到达北美多地和拉丁美洲。1935年，随着跨太平洋航邮试航，空运邮路的延展达到高潮。最早尝试建立跨太平洋航空邮路的是当时美国最大的航空公司泛美航空公司。成立于1927年的这家航空公司，在1935年成立太平洋分公司，目的就是开辟与中国的航空邮路。1935年11月22日，一架被命名为"中国飞剪号"的水上飞机从旧金山附近的阿拉米达起飞，开始了横跨太平洋的航空邮政试验。途中以夏威夷、中途岛、威克岛、关岛作为隔夜起降点，最后抵达马尼拉，耗时六天。经几次试飞后，于1935年11月22日正式开办旧金山至马尼拉每周一次的航空邮件服务，这条航线上的大部分邮件是在马尼拉中转的中国香港和内地航空邮件。1936年10月，"中国飞剪号"飞抵澳门、香港。1937年4月，香港—马尼拉—旧金山航线正式开通，和泛美航空公司合股经营的中国航空公司运营航班则从上海、广州到香港九龙降落，与"中国飞剪号"交换邮件。

（文/黄绍锵）

澳门回归前的普通邮票

澳门是世界上开办邮政较早的地区之一。早在1798年，葡萄牙王后曾颁令在全国及其海外占领地开办邮务。1825年开始在葡萄牙首都里斯本试办澳门航海邮政，并于1845年在澳门设立邮政执行处。在澳门邮票诞生前，澳门航海邮政及其他私营邮政（大多为英国人经营）使用过许多形状各异的戳记，为澳门邮政史留下了记录。目前发现这种邮戳最早的使用年代是1844年。1869年6月，澳门与香港达成协议，由香港在澳门设立海邮（sea mail）。澳门总督颁令，任命葡萄牙人利加度·苏沙为澳门航海邮政总监。但由于交通不便，故邮务未能很快开展起来。1878年，澳门地区加入万国邮政联盟。1884年2月27日，当时的总督托马斯·罗沙宣布于当年3月1日发行澳门第一套邮票。

早期澳门邮票无论设计、印制还是发行，均由葡萄牙人一手包办，邮票图案和题材与其他葡属地区的相同，多为葡萄牙国王头像或王室徽号，殖民主义色彩浓厚，毫无本地特色和中华文化风格，色彩单调。虽然每一张邮票发行数量很少，但是品种繁多，有多种不同的齿孔、加盖、改值、税票改作等，秩序混乱。各家邮票目录对其分类不尽相同，因此整理起来非常不容易，令许多集邮爱好者止步。由于那时澳门集邮者不多，且均为外籍人士，这些早期邮票多已湮没，存世量稀少，现已很难觅得。

方寸之间的家国情怀

澳门第一枚邮票 ——王冠邮票（1884年，原背胶，品相极佳）

王冠邮票第一组（1884年）

王冠邮票第一组加盖改值（1885年）

王冠加盖改值邮票（1885年）　　王冠加盖改值邮票（1887年）
王冠邮票第二组（全套）

澳门回归前的普通邮票

由于邮票短缺,邮政部门将税票加盖改作邮票,于1887年10月20日发行。下图是一套三枚中的两枚。此套票是在绿色税票上加盖红色文字,并在中心图案四周打上齿孔,按齿孔撕去边纸后即成为邮票。

税票加盖改作邮票(1887年)

19世纪末20世纪初,澳门还通行过以下以葡萄牙国王头像为主图的邮票。

路易斯一世像①邮票(1888年)

加路士一世像②邮票第一组(1893—1894年)

---

① 路易斯一世(也译作"路易一世")是葡萄牙女王玛丽亚二世与其夫葡萄牙国王斐迪南二世的次子,1861—1889年在位。
② 加路士二世(也译作"卡洛斯一世"),1889—1908年在位。

方寸之间的家国情怀

路易斯一世像第一次加盖改值邮票（1894 年）

加路士一世像邮票第二组（第一排）、第三组（第二排）和第四组（1898—1903 年）

加路士一世像加盖临时改值邮票（1900 年）

澳门回归前的普通邮票

路易斯一世像加盖改值邮票第二组（1902年）

加路士一世像加盖改值邮票（1902—1910年）

加路士一世像加盖临时改值邮票（1902年）

加路士一世像加盖改值邮票（全一枚，1905年）

> 方寸之间的家国情怀

20世纪初，澳门缺乏半仙、1仙、2仙邮票，澳门总督发布命令准许将"加路士一世"邮票对剖使用，6仙对剖后每片可做2仙贴用，3仙对剖后每片可做半仙贴用。并发行"加路士一世加盖改值"对剖票两种，分别为4仙加盖改2仙、10仙加盖改5仙对剖使用。该套对剖票由地方行政首长发布命令发行，可能是世界邮票历史上的特例。同时允许将税票加盖做邮票使用。

加路士一世像对剖邮票（1910年）

欠资加盖改作邮票（1910年）

税票加盖改作邮票（全套，1911年）

澳门回归前的普通邮票

1910—1926 年,葡萄牙第一共和国发行的邮票加盖"Republica"(共和国)有两种字体:粗字在葡萄牙里斯本加盖,细字在澳门本地加盖。

加路士一世像葡国加盖"Republica"粗字邮票(1911 年)

加路士一世像加盖对剖邮票(1911 年)

路易斯一世像澳门本地加盖"Republica"细字邮票(1913 年)

方寸之间的家国情怀

加路士一世像澳门本地加盖"Republica"细字邮票（1913 年）

加路士一世像两次加盖改值邮票（1913 年）

加路士一世像葡国加盖"Republica"粗字改值邮票，加路士一世像澳门本地加盖"Republica"细字改值邮票（1913 年）

20 世纪 10—30 年代，澳门还发行过五谷女神[①]邮票。可细分为第一组（细齿 15×14 毫米，1913—1921 年）和第二组（粗齿 12×11.5 毫米，1923—1924 年）。

---

① 五谷女神墨忒耳（又称"刻瑞斯"），是克罗诺斯和众神之母雷娅的女儿、宙斯的妹妹。古希腊的感恩节、古罗马的农神节都是为了纪念司掌农艺之五谷女神而设。在西方文化中，五谷是人类繁衍之基，因此对五谷女神格外尊崇。

澳门回归前的普通邮票

五谷女神像邮票第一组（细齿）

五谷女神像邮票第二组（粗齿）

五谷女神像加盖改值邮票（1931—1933 年）

> 方寸之间的家国情怀

20世纪40—80年代的澳门邮票中,有葡萄牙元素、澳门本地元素,还有中国传统文化元素。

大葡帝国①6分加盖改值邮票(1941年)

航海纪念碑邮票第二组(薄纸,本地印刷,1942年)

澳门风景邮票第一组(1948年,仅发行2万套)

---

① 15世纪葡萄牙进行的大西洋探险和1415年对非洲休达的征服,标志着葡萄牙海上霸权的确立和葡萄牙帝国的诞生。葡萄牙帝国是历史上第一个全球性殖民帝国,也是欧洲统治最长久的殖民帝国(1415年8月21日—1999年12月19日)。

澳门回归前的普通邮票

澳门风景邮票第二组（全套，1950—1951 年）

龙邮票（全套，1951 年）

葡国名人邮票（全套，1951 年）

方寸之间的家国情怀

澳门帆船邮票（全套，1951 年）

临时加盖改值普票（1981 年）

澳门政府建筑物及名胜古迹普通邮票第三组（全套，1984 年）

（文/黄绍锵）

澳门回归前的特色邮品

一、澳门航空邮票

航海纪念碑加盖改值航空邮票（1936 年）

大葡帝国航空邮票（1938 年）

澳门风景航空邮票（全套，1960 年）

方寸之间的家国情怀

二、澳门欠资邮票

欠资邮票第一组（1904 年）

葡萄牙第一共和国发行的加盖"Republica"（共和国）字样的邮票有两种字体，粗字在葡萄牙里斯本加盖，细字在澳门本地加盖。

欠资邮票第二组（葡国加盖粗字"Republica"，1911 年）

欠资邮票第二组（澳门加盖细字"Republica"，1914 年）

澳门回归前的特色邮品

马其士①首相加盖"MULTA"② 欠资邮票（1925 年）

航海纪念碑加盖欠资邮票（1949 年）

加盖欠资邮票（全套，1951 年）

---

① 马其士（1699—1782），曾任葡萄牙首相，1775 年里斯本大地震后，主持规划、重建里斯本。

② 葡语"Multa"，意思为罚金。

三、澳门报纸专用邮票

路易斯一世报纸专用改值邮票（全套，1891—1893 年）

四、澳门慈善印花邮票

马其士首相邮票（全套，1925 年）

慈善印花邮票（1945—1947 年）

澳门回归前的特色邮品

五、澳门首航封和实寄封

1937年4月28日澳门寄三藩市首航封（贴有七枚邮票）

最早尝试建立跨太平洋航空邮路的是当时美国最大的航空公司泛美航空公司。承载邮件的马丁公司 M-130 四引擎大型水上飞机被命名为"中国飞剪号"。

方寸之间的家国情怀

1958年4月27日澳门寄美国实寄封（贴有三枚澳门邮票）

（文/黄绍锵）

澳门回归前的纪念邮票和特别邮票

澳门回归祖国前的邮票可以分为四个时期：
（1）葡萄牙王国发行的邮票（1884—1910年）；
（2）葡萄牙第一共和国发行的邮票（1911—1973年）；
（3）葡萄牙四月革命后发行的邮票（1974—1978年）；
（4）澳门邮政自主后发行的邮票（1981—1999年）。

1999年12月20日，中国中央政府对澳门恢复行使主权，成立了澳门特别行政区。从此，澳门开启了新纪元，邮政司更名为"邮政局"。葡文"REPUBLICA PORTUGUESA·MACAU"永远消失。邮票铭记使用汉字"中国澳门"和葡文"MACAU·CHINA"。特区邮政局扎根中华本土，汲取传统文化精华，大力挖掘民间生活题材，于方寸之间展现出色彩斑斓的民俗风情，透露出浓厚的乡土文化气息。每一套邮票都如一组组生动鲜活的生活画卷。担水人、市井小贩、三轮车夫、扇子、店铺、茶楼，看似普通寻常、微不足道的人或物，在设计者的胸怀中均能受到一次艺术洗礼，实现美的升华，从而被赋予深厚的文化内涵，具有独特的审美价值。陆续发行富有民族风格和地方特色的邮票，如《中国书法》《茗茶》《三国演义》《传统工具》《成语故事》《孝》《水浒传》等受到集邮者好评的邮票。另外，为防止邮票贬值，在邮票发行量上慎重考量，2000年澳门邮政部门把邮票发行量从120万枚削减至75万枚，2001年减至50万枚，2003年减至40万枚，2004年减至32.5万枚……此量对澳门本地来说无疑是不小的。但是，澳门作为国际旅游城市，作为旅游纪念品的邮票

方寸之间的家国情怀

销量很大。澳门特别行政区的邮票设计水平毋庸置疑，各类邮票均精巧美观。

由于各家邮票目录的分类各不相同，甚至某一套邮票该定位为普通邮票还是纪念邮票、特别邮票都有分歧。下面仅介绍常见分类下的澳门回归之前的纪念邮票和特别邮票。

一、澳门纪念邮票（C）

C1　华士古·达·伽马①发现印度400周年纪念邮票（1898年）

C2　华士古·达·伽马发现印度400周年纪念加盖"REPUBLICA"字样邮票（1913年）

---

①　华士古·达·伽马（Vasco da Gama，约1469—1524），葡萄牙著名的航海家、杰出的海军将领，对葡萄牙海外的殖民活动和东方航线的开拓做出了贡献。

澳门回归前的纪念邮票和特别邮票

C3　大葡帝国纪念邮票（1938 年）

C4　圣母显现花地玛纪念邮票（1949 年）

C5　国际邮联成立 75 周年纪念邮票（1949 年）

方寸之间的家国情怀

C6　圣年纪念邮票（全套，1950 年）

C8　第一届热带病学会议纪念邮票（1952 年）

C9　圣方济各·沙勿略①去世 400 周年纪念邮票（全套，1952 年）

---

①　方济各·沙勿略（Francis Xavier，1506—1552），西班牙人，是最早来东方传教的耶稣会士，因其对传教的贡献和影响力，被所属宗教尊为圣人，称"圣方济各"。沙勿略对中国文化充满向往，曾在 1552 年（明嘉靖三十一年）来到中国广东台山的上川岛，但由于明朝的宗教政策，直至其病逝于岛上也没达成深入中国的愿望。

澳门回归前的纪念邮票和特别邮票

C10　圣像展览会纪念邮票（全套，1953年）

C11　葡萄牙邮票发行100周年纪念邮票（1954年）

C13　比利时布鲁塞尔工业博览会纪念邮票（1958年）

方寸之间的家国情怀

C14　第六届热带病症及疟疾国际会议纪念邮票（1958年）

C15　飞力奇王子①去世五百周年纪念邮票（1960年）

C16　破灭疟疾运动纪念邮票（1962年）

---

①　一般译作亨利王子、恩里克王子（Prirce Henrique，1394—1460），葡萄牙航海事业和大航海时代的开创者，有"航海家"之称。

澳门回归前的纪念邮票和特别邮票

C18　国际通信年纪念邮票（1965 年）

C19　革命①40 周年纪念邮票（1966 年）

C20　海军俱乐部 100 周年纪念邮票（全套，1967 年）

---

①　1926 年 5 月 28 日葡萄牙发生政变，即"国民革命"，一场以结束混乱的葡萄牙第一共和国为目标的军事政变。由此开启了长达半世纪的军事独裁时期。1976 年军政府下台后，葡萄牙实行民主选举，军事独裁统治结束。

> 方寸之间的家国情怀

C21　圣母显现花地玛50周年纪念邮票（1967年）

C22　航海家加拔①诞生500周年纪念邮票（全套，1968年）

C24　华士古·达·伽马诞生500周年纪念邮票（1969年）

---

①　加拔，又译作佩德罗·卡布拉尔（Pedro Alvares Cabral，1468—1520），葡萄牙航海家，最早到达巴西的欧洲人。

澳门回归前的纪念邮票和特别邮票

C28　加蒙纳①元帅诞生100周年纪念邮票（1970年）

C30　1972年慕尼黑奥运会纪念邮票（1992年）

C34　仁伯爵医院②创建100周年纪念邮票（全套，1974年）

---

① 也译作卡尔莫纳（Carmona）。1926年政变后上台的军政府独裁者。
② 仁伯爵综合医院，俗称"山顶医院"，是澳门的一家公立医院，创建于1874年。

363

方寸之间的家国情怀

C41　中秋节纪念邮票（全套，1982 年）

C42　国际通信邮展纪念邮票（全套，1983 年）

C43　16 世纪与航海发现纪念邮票（全套，1983 年）

C44　澳门邮票 100 周年纪念邮票（全套，1984 年）

澳门回归前的纪念邮票和特别邮票

C45　国际青年节纪念邮票（全套，1985年）

C49　孙中山先生诞辰120周年纪念邮票（1986年）

C50　世界卫生组织成立40周年纪念邮票（全套，1988年）

C51　汉城奥运会纪念邮票（全套，1988年）

方寸之间的家国情怀

C52　第 35 届大赛车纪念邮票（全套，1988 年）

二、澳门特种邮票（S）

1953 年 9 月 22 日，澳门发行了首套特种邮票——澳门花卉，共有 10 种花卉图案，这也是澳门发行的第一套彩色印刷的邮票。从此，澳门邮票告别单色印刷的年代，在色彩和题材上逐渐丰富起来，并开始显示出浓郁的本地特色和中华文化风格。

随着特种邮票的面世，表现澳门本地特色的邮票陆续登场，除了上述澳门花卉外，还有澳门地图（1956 年 3 月 10 日发行）、面具龙与狮（1971 年 9 月 30 日发行）、澳门庙宇（1976 年 1 月 30 日发行），等等。

S1　澳门花卉特种邮票（全套，1953 年）

澳门回归前的纪念邮票和特别邮票

S2　澳门地图特种邮票（全套，1956 年）

S3　澳门运动项目特种邮票（全套，1962 年）

S4　澳门军服特种邮票（全套，1966 年）

方寸之间的家国情怀

S5　面具：龙与狮特种邮票（全套，1971年）

S6　澳门庙宇特种邮票（全套，1976年）

S8　澳门药用植物特种邮票（全套，1983年）

澳门回归前的纪念邮票和特别邮票

S10　澳门地区鸟类特种邮票（全套，1984年）

S13　世界旅游日——澳门地区蝴蝶特种邮票（全套，1985年）

S17　澳门地区乐器特种邮票（全套，1986年）

方寸之间的家国情怀

S21　端午节特种邮票（全套，1987年）

S22　扇画特种邮票（全套，1987年）

S23　博彩特种邮票（全套，1987年）

S24　传统陆上交通工具特种邮票（全套，1987年）

澳门回归前的纪念邮票和特别邮票

S27　陆上交通工具特种邮票（全套，1988年）

S28　新邮政服务特种邮票（全套，1988年）

S30　传统行业特种邮票（全套，1989年）

S33　传统游戏特种邮票（全套，1989年）

方寸之间的家国情怀

S34　水上飞机特种邮票（全套，1989 年）

S35　葡萄牙人在东方特种邮票（全套，1989 年）

S43　传统行业特种邮票（全套，1990 年）

S45　中国戏曲特种邮票（全套，1991 年）

澳门回归前的纪念邮票和特别邮票

S46 花与公园特种邮票（全套，1991年）

S48 圣诞节/贺年特种邮票（全套，1991年）

S52 舞狮与舞龙特种邮票（全套，1992年）

S53 澳门庙宇特种邮票（一）（全套，1992年）

方寸之间的家国情怀

S67　中国旧式商店特种邮票（全套，1994 年）

S69　吉祥物特种邮票（全套，1994 年）

S72　廖文畅①眼中的澳门特种邮票（全套，1995 年）

---

① 廖文畅，1951 年出生于广东珠海，年幼定居澳门，澳门画家、邮票设计师，中国美术家协会会员、澳门美术协会副会长。设计的《中国仙人》及《澳门庙宇》曾获得 1991 年澳门邮电司组织的邮票设计比赛冠军。出自其手笔的澳门邮票设计作品超过 30 套，备受赞赏。

澳门回归前的纪念邮票和特别邮票

S76　澳门庙宇特种邮票（二）（全套，1995年）

S80　中国传统鸟笼特种邮票（全套，1996年）

S84　"祝贺"特种邮票（全套，1996年）

S87　风筝——台北亚洲邮展特种邮票（全套，1996年）

方寸之间的家国情怀

三、中国澳门第一轮生肖邮票欣赏

鼠	牛	虎	兔	龙	蛇
（1984 年）	（1985 年）	（1986 年）	（1987 年）	（1988 年）	（1989 年）

马	羊	猴	鸡	狗	猪
（1990 年）	（1991 年）	（1992 年）	（1993 年）	（1994 年）	（1995 年）

  澳门生肖邮票是世界上唯一与甲子纪年同步发行的生肖系列邮票，这一"统一性"使其真正具有了王者风范。澳门首枚生肖邮票发行于 1984 年（农历甲子年）至今已发行完甲子轮（一轮）12 枚，丙子轮（二轮）12 枚，丁子轮（三轮）12 枚。如连续不断发行完五轮 60 年，将是一部与甲子同岁、同步的完整大系列，这是别的生肖邮票望尘莫及的。整个大套生肖邮票均出自一位设计师——金地之手，风格一致。邮票画面均将中国画风格与西洋技法相结合：背景的明月和深沉的底色，透出中国画的意境之美；写实技法的生肖动物（龙年为装饰画画法除外）及厚重的彩色边框，又显然受到西方审美观念的影响。

  1995 年 12 月 15 日，澳门发行第一轮 12 年生肖邮票小版张。小版张上的生肖邮票与当年发行的生肖邮票在票面文字、面值、年份、编号等内容或形式上有比较明显的区别，边纸上的十二生肖中文名称和龙图案以及 12 枚邮票的摆放，都颇具匠心。

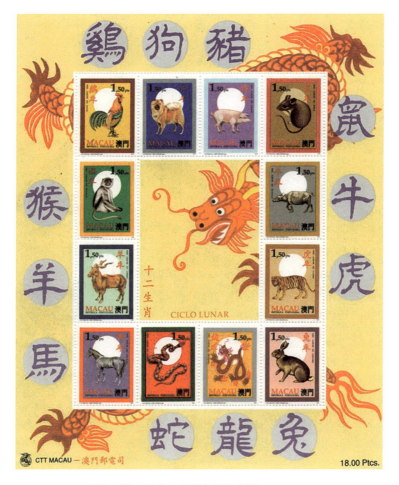

S78　第一轮十二生肖邮票小版张（1995 年）

（文/黄绍锵）

一分为二的邮票：澳门对剖邮票

广州市地方志馆特藏室收藏了中国澳门回归前的早期邮票中的两枚1910年对剖票。对剖邮票是一个奇葩。显而易见，将一张邮票一分为二做两张用是因为某种面值邮票短缺。因为对剖邮票的性质比邮票本身珍贵了许多，所以必须带邮戳才能证明它是真品。

两枚对剖票（1910年）

澳门对剖邮票并不是邮政史的先例，世界上最早的对剖邮票出现在18世纪40年代的英国，2便士的蓝色邮票被剪成两半作为1便士邮票使用。中国最早的对剖邮票出现在清代末年的1903—1906年，福州、重庆、长沙等邮局曾经将伦敦无水印版蟠龙2分邮票对剖作为1分邮票使用。赝品、伪造的信封曾经被发现过。

加路士一世加盖改值对剖票
（1911年）

广州市地方志馆特藏室还珍藏了另一枚加盖改值对剖票。

（文/黄绍锵）

第五篇

放眼世界

本篇汇集了邮品收藏家及邮品研究者有关收藏的心路旅程、收藏故事以及对重要邮品的研究心得。可以深入了解前面几篇所提到的邮品。

世界首枚邮票
——"黑便士"邮票小传

图1 英国"黑便士"邮票

英国"黑便士"邮票是世界上第一枚邮票。1840年5月1日出售，5月6日正式启用。它也是世界上第一枚无齿孔邮票（图1）。

虽然被称为世界珍邮，但由于发行量很大，市价并不高。它的价值在于它的诞生是邮政史上划时代的一件大事。因为黑便士与1851年5月1日的英国第一届世博会同月同日生，所以又成为世界第一届世博会的见证，历史意义重大。拥有一枚"黑便士"成为无数集邮者毕生追求的梦想。

为防止伪造，除每枚邮票都有一个王冠水印外，邮票的下部左右两角各印一英文字母，标示着每一枚黑便士在一整版240枚中都有自己的位置，如邮票左、右下角的"E""D"表示其位置是第5行的第4枚（图2）。

方寸之间的家国情怀

AA	AB	AC	AD	AE	AF	AG	AH	AI	AJ	AK	AL
BA	BB	BC	BD	BE	BF	BG	BH	BI	BJ	BK	BL
CA	CB	CC	CD	CE	CF	CG	CH	CI	CJ	CK	CL
DA	DB	DC	DD	DE	DF	DG	DH	DI	DJ	DK	DL
EA	EB	EC	ED	EE	EF	EG	EH	EI	EJ	EK	EL
FA	FB	FC	FD	FE	FF	FG	FH	FI	FJ	FK	FL
GA	GB	GC	GD	GE	GF	GG	GH	GI	GJ	GK	GL
HA	HB	HC	HD	HE	HF	HG	HH	HI	HJ	HK	HL
IA	IB	IC	ID	IE	IF	IG	IH	II	IJ	IK	IL
JA	JB	JC	JD	JE	JF	JG	JH	JI	JJ	JK	JL
KA	KB	KC	KD	KE	KF	KG	KH	KI	KJ	KK	KL
LA	LB	LC	LD	LE	LF	LG	LH	LI	LJ	LK	LL
MA	MB	MC	MD	ME	MF	MG	MH	MI	MJ	MK	ML
NA	NB	NC	ND	NE	NF	NG	NH	NI	NJ	NK	NL
OA	OB	OC	OD	OE	OF	OG	OH	OI	OJ	OK	OL
PA	PB	PC	PD	PE	PF	PG	PH	PI	PJ	PK	PL
QA	QB	QC	QD	QE	QF	QG	QH	QI	QJ	QK	QL
RA	RB	RC	RD	RE	RF	RG	RH	RI	RJ	RK	RL
SA	SB	SC	SD	SE	SF	SG	SH	SI	SJ	SK	SL
TA	TB	TC	TD	TE	TF	TG	TH	TI	TJ	TK	TL

图2　邮票在整版中的位置

注：一印张（整版）邮票为240枚，一行12枚，共20行。每张邮票左右两下角的英文字母，如AA或BA等就代表此枚邮票在整版中的位置。如AA就是第1行第1枚邮票；再如，FA是指第6行的第1枚邮票。

考虑到邮票是国家发行的有价票证，既要防止伪造，还要象征国家的权威性，所以采用了英国女王维多利亚头像为邮票图案。那大家知道这枚邮票为什么叫"黑便士"吗？它是采用黑色雕刻版印刷的无齿孔邮票，不标国名（因为只有英国才发行邮票）。邮票不标国名这一传统在英国一直沿袭至今。图案上方有"邮资"字样，下方是表示面值的"一便士"字样，所以把黑色和面值联系在一起就成了"黑便士"。

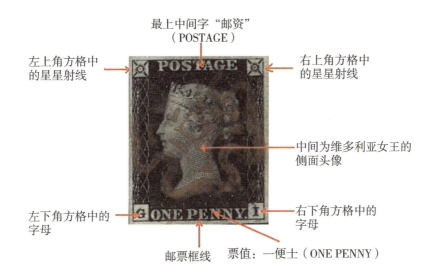

图3 "黑便士"邮票解析

当时，不同颜色的油墨被用来注销"黑便士"，马耳他十字戳是红色和黑色的。在使用了一年多以后，人们发现红色的油墨很容易被擦掉，继而可以重复使用。英国财政部得知后，立即将邮戳换成了黑色。然而，黑色的油墨虽然稳定性良好，却容易和黑便士本身的颜色相混淆，销戳不清晰的邮票也常常被人们拿来重复使用。于是，"黑便士"在发行次年（1841年）的2月10日即被取消，改为红色油墨印刷，图案不变，即

图4 "红便士"邮票

方寸之间的家国情怀

"红便士"邮票。

邮票上的注销盖戳——马耳他十字戳很有特色,也非常有名(图5)。

图5　邮票上的注销盖戳——马耳他十字戳

"黑便士"的诞生,源于一段美丽的故事:19世纪初的一天,在英国的某地乡间,邮差给一位少女送来一封信,照例向她收取邮资,可是这个少女只瞥了一眼信封,却拒不收信,也不交邮费。邮差便和她争执起来,这时恰有一个叫罗兰·希尔(图6)的人散步走到这里,当他得知姑娘因付不起邮费,执意不肯收信时,便替这位少女付了邮费。这位少女很感激他的帮助,并向他述说了拒收来信的秘密:"因为我没有那么多的钱付邮费,所以事先与远方的未婚夫约好,如果他一切安好,就在信封上画一个暗记。我看到这个记号,知道他一切平安,就没必要交那么多的钱收信了。"

世界首枚邮票

拒缴邮费这件事启迪了罗兰·希尔，他看到按路程远近向收信人收取邮费的办法漏洞太多，于是提出改革邮政的方案——由寄信人买邮票贴在信封上，表明邮资已付，不再由收信人付钱了。1839年8月，维多利亚女王签署法令，决定正式采纳希尔的建议，并调希尔进入财政部负责实施这一计划。

罗兰·希尔因为对邮政改革的贡献和设计了世界上第一枚邮票而名垂青史，1860年维多利亚女王赐给他爵士头衔，国际集邮协会尊称他为"邮票之父"。世界第一枚邮票的出现，拉开了世界邮票发行史的序幕。它极大地简化了邮政的烦琐手续，加快了邮件传递的速度，使信件往来成为当时人们沟通最便利的

图6 "邮票之父"罗兰·希尔（Rowland Hill）

方式。这一形式后来被世界各国仿效，一直沿用至今。而"黑便士"作为世界第一枚邮票，记录了工业时代信息的传播方式，亦将永远载入史册（图7）。

世界第一枚邮票——"黑便士"实寄封曾经在拍卖中创下数百万美元的邮票拍卖价最高纪录。而单就邮票而言，"黑便士"邮

图7 改变邮史的邮戳

方寸之间的家国情怀

票的市场价格并不是特别高,因为它留存下来的数量相当大,之所以会有这种价值的悬殊,原因就在于这枚"黑便士"连同它的载体——信封。信封上的邮票盖了1840年5月2日的邮戳,原来"黑便士"邮票的法定开始使用日期为1840年5月6日,而这枚邮票上的邮戳却提前了四天,改写了世界邮票最早使用于1840年5月6日的历史。是邮戳使这枚邮票成为世界孤品。

笔者近日收集到一枚1841年3月18日贴有"黑便士"邮票的折叠信件。19世纪时,信封还没普及,大量信件使用一种称为"锁信纸"的折叠方式折叠后邮寄,即用一张白纸写好信后折叠,用火漆封口,打开后展平就是一封信。

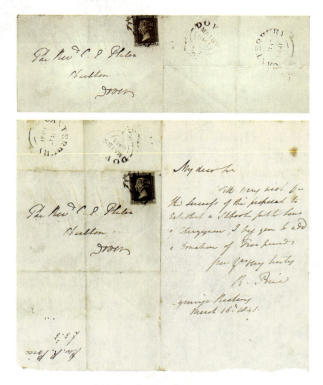

"锁信纸"铺平后是一封信

世界首枚邮票

附：世界集邮简史

英国的"黑便士"邮票诞生于1840年，是世界上第一枚邮票。第一枚邮票的出现，拉开了世界邮票发行史的序幕，它极大地简化了邮政的烦琐手续。这一形式后来被世界各国仿效，并一直沿用至今。

"黑便士"发行后不久，英国《泰晤士报》在1841年刊登了一则征集"黑便士"邮票的广告。征集人是位妇女，据说她已经收集到一万多枚"黑便士"邮票，她的目的是要把这些邮票一枚一枚地贴在墙上来装饰她的房间。接着英国许多妇女也开始热衷于收集邮票，集邮就这样逐渐兴起了。法国有一位名叫勒格拉的医生，从1850年就开始集邮，到1885年逝世，35年间收藏了不少邮票。他还发明了量齿尺，成为第一位有成就的集邮家。集邮源于欧洲，后来扩大到北美，遍及全世界。大约在19世纪70年代，集邮活动开始传入中国。那时候集邮的大多是商界和学界的人士。中华人民共和国成立后，随着人民物质文化生活水平的提高，邮品题材越来越丰富，邮票制作越来越精美。集邮活动广泛开展，祖国各地都活跃着集邮协会。广州市也活跃着广东省和广州市集邮协会、妇女集邮协会等。我生活了30多年的越秀区的楚庭集邮研究会，其每个月都有丰富多彩的活动，经常举办各种邮展和讲座，是一个温暖的互相关爱的邮友大家庭。

（文/黄绍锵）

论"红便士"邮票在现代邮政中的地位与作用

一、"红便士"邮票完善了"均一便士邮资制",建立起现代邮政制度的里程碑

1840年前,英国的邮政制度十分烦琐,除了国会议员享受免费邮寄信件的特权外,其他人寄信都是由邮递员根据路程远近、信纸页数多少向收信人收费的,邮资昂贵。17世纪英国完成了资产阶级革命,从18世纪中期到19世纪中期进行了工业革命,社会变革和经济发展促进了邮政改革。1837年,罗兰·希尔发表了那篇有名的论文《邮政制度的改革——其重要性与实用性》,主要内容是:在英国本土对1/2盎司以内的信件统一收取1便士的邮资,邮资必须预付。英国政府最终采纳了这一提案。他的改革建议简称"均一便士邮资制"。1840年1月10日,维多利亚女王公开宣布,即日起英国邮政系统改革,实施"均一便士邮资制",发行"黑便士"邮票,这标志着现代邮政的开始。然而,实施"均一便士邮资制"初期,效果并不理想,英国大多数邮局实行"均一便士邮资制",即在英国本土对1/2盎司以内的信件收取2便士的邮资,邮资收信人支付;英国邮政还准备发行与"均一便士邮资制"相矛盾的享有免费寄信特权的便士邮票等。

为了有效落实"均一便士邮资制",完善各项实施细节,1841年2月10日起,英国邮政发行"红便士"邮票(图1)。

论"红便士"邮票在现代邮政中的地位与作用

图1 "红便士"邮票的样票

"红便士"邮票的发行担负着完善落实"均一便士邮资制"的责任。

一是为了防止红色油墨被人洗脱而重复使用盖销的"一便士"邮票,于是采用不易洗脱的黑色油墨盖销便士邮票和邮件。为了克服黑色油墨盖在"黑便士"邮票上难以清楚地显示所盖邮戳的问题,1841年2月10日起,"一便士"邮票改用红色油墨印刷。这种红色油墨印制的"一便士"邮票被称为"红便士"邮票(简称"红便士"),取代了使用仅一年(1840年5月至1841年6月)的"黑便士"邮票。

二是为了废除贵族们享有的免费寄信的特权,不再发行左上角方格内印有"V"和右上角方格内印有"R"的便士公事邮票。为了减轻英国商业信函的负担,促进贸易发展,发行商业公司和协会团体使用的打孔打折"红便士"邮票。例如,爱尔威公司的打折邮票是有公司名字缩写打孔字母"MBW"的"红便士"邮票(图2),英国高血压协会的打折邮票是有协会名字缩写打孔字母"BHS"的"红便士"邮票(图3)等。

方寸之间的家国情怀

图2　爱尔威公司（MBW）商用打折"红便士"邮票实寄封

图3　英国高血压协会（BHS）"红便士"商用邮票

三是统一实施"均一便士邮资制"的寄信收费制度。信函按重量收取邮费，邮费不能由收信人承担，邮费只能由寄信人承担。在英国任何一个地方寄往境内的另一个地方，人们只用1便士就能寄一封重量不超过0.5盎司的预付邮资的信（图4）；2便士可寄一封重量不超过1盎司的信件（图5）；每超1盎司加收2便士，直至重量到16盎司。在此期间，"红便士"邮票肩负着实施"均一便士邮资制"和全权全程支付邮寄信函邮资凭证的责任。

论"红便士"邮票在现代邮政中的地位与作用

图4　1841年9月10日寄英国"红便士"实寄封（不超过0.5盎司，已付邮资）

图5　1845年11月5日寄英国"红便士"实寄封（不超1盎司，已付邮资）

方寸之间的家国情怀

"红便士"邮票完善了"均一便士邮资制",成为现代邮政制度建立的里程碑。

二、"红便士"邮票规范了邮票的样式版式,成为实施现代邮政的排头兵

英国发行邮票初期,盖销邮票使用红色和黑色油墨,因红色油墨易于洗脱而被人再次贴用,黑色油墨盖在"黑便士"邮票上又难以清楚地显示所盖邮戳,"红便士"邮票便应运而生。"红便士"邮票使世界近代邮政工作大大前进一步,具有划时代的意义。

1841年2月10日发行的"红便士"是颜色和面值的合称。它采用红色雕版印刷,无齿孔,不标国名。"红便士"邮票既要代表国家的权威性,又要表现出国家发行有价票券的严肃性,采用维多利亚女王头像为邮票图案:图案顶部中间有"POSTAGE"(邮资)字样,左右两角是交叉十字图形,底部中间是面值"ONE PENNY"(1便士)。全张横12枚,竖20枚,总计240枚。这是因为英国当时币制为1镑=12先令=240便士,一个全印张正好1英镑。"红便士"邮票的下面两角各有一个英文字母,同一行上的每枚邮票图案左下角的字母相同。第一行是A,第二行是B,以下按字母顺序类推;图案右下角的字母则表示邮票在印张中的位置,从左向右按字母的顺序排列,如第一横排从左至右为AA、AB、AC直至AL,第二横排依次为BA、BB、BC直至BL(图6、图7)。这样安排是为了防止仿造。

"红便士"邮票刚刚问世,人们还不大懂邮票是什么,如何使用,所以,每整印张"红便士"邮票的纸边上,印有文字说明(把标签贴在收信地址及信封右上方,涂湿标签背面时,一定注意勿弄掉背胶)(图7),售价每枚标签1便士,每行12枚1先令,每全张1英镑由此可见,当时"红便士"邮票被称为"标签"(label),而不是现在称的"邮票"(stamp)。上面说明了,邮票贴在信件右上方这种源自英国的邮寄方式被世人接纳并沿用至今的原因。"红便士"邮票采用了当时欧美国家印制钞票时普遍采用的最先进的雕版印刷工

论"红便士"邮票在现代邮政中的地位与作用

艺,并使用了带有王冠水印的专用纸印制,每枚"红便士"邮票背面都带有一个清晰的王冠水印,这是普通纸所不具备的,使造假者望而却步。

图6 红便士"标签"版铭说明

图7 无齿"红便士"版铭说明(1841年)

方寸之间的家国情怀

早期的"红便士"是没有齿孔的,寄信时要用剪刀将邮票一枚一枚地从版张上剪下来贴用,使用起来很不方便。据记载,1848年,一位记者急于往外寄发稿件,在往信封上粘贴邮票时,身边却找不到剪刀来剪开邮票,他急中生智,用领带上的别针在两枚邮票的间隔处先扎出一排小孔,然后再撕开贴用。一名爱尔兰籍年轻人亚瑟·亨利目睹此情景后受到启发,经过反复研究、实验,他发明了"邮票打孔机"。经过一番斡旋,邮局采纳了他为邮票打孔的建议。英国邮政局于1853年购得其专利,于1854年1月28日发行第一套有齿"红便士"邮票(图8)。有齿孔的"红便士"邮票,具备了现代邮票的所有特征,使用起来也方便多了,当称为有齿孔邮票的始祖。

图8 有齿"红便士"邮票

有齿孔的"红便士"邮票一直使用到1879年12月,时间长达几十年。在实施"均一便士邮资制"的过程中,"红便士"邮票不断创新邮票的样式和版式,成为实行现代邮政的排头兵。

论"红便士"邮票在现代邮政中的地位与作用

三、"红便士"邮票带动了世界邮政的发展,开创了现代邮政业务的新纪元

为满足现代邮政业务不断增加的用邮需求,"红便士"邮票反复再版加印了100多次,累计发行了210亿枚,成为当时邮政业务的邮票主力军。"红便士"邮票与"均一便士邮资制"相互作用、推动了世界现代邮政的发展。

(一)"红便士"邮票为各国第一枚邮票诞生起到示范作用

"红便士"邮票诞生后的第二年,巴西在1843年发行第一枚邮票——牛眼邮票,其后,瑞士、美国等国也相继发行邮票。"红便士"邮票犹如星星之火,在世界各国"燎原",其后十年间,世界上大多数国家都有了自己的邮票。中国首枚邮票——大龙邮票与"红便士"邮票的构图相似。1880年塞浦路斯首枚邮票就是"加盖红便士"(图9)。"红便士"邮票的主图是维多利亚女王的侧面浮雕像,世界各国在发行邮票时,也效仿这种做法,将本国元首肖像设计为邮票的主图,如1847年美国发行的第一枚邮票图案就是首任总统华盛顿的肖像。

图9 塞浦路斯"加盖红便士"邮票

(二)"红便士"邮票的诞生促进世界邮政事业的发展

"红便士"邮票诞生后,邮政业务遍及全球,世界需要一个国际邮政组织来联络世界各国邮局,商定国际邮政事务。1874年10月9日,一个国际组织——邮政总联盟成立,1978年改名为"万国邮政联盟"(Universal Postal Union,简称UPU),简称"万国邮联"。万国邮政联盟是一个联络世界各国邮局的组织,是商定国际邮政事务的政府间的国际组织。"万国邮联"自1978年7月1日起成为联合国的一个管理国际邮政事务的专门机构,总部设在瑞士首都伯尔尼,主要负责促进、组织和改善国际邮政业务,发展邮政方面的国际合作,以及在力所能及的范围内给予会员国所要求的邮政技术援助。

(三)"红便士"邮票的诞生开启世界邮政事业的新篇章

"红便士"邮票的诞生使普通人可以享受平等的邮寄权利和邮政服务,大大促进了民间的书信往来,促进了社会的完善和谐。同时,"红便士"邮票的使用,进一步完善了"均一便士邮资制"的实施,减轻了商业信函和国际信函的负担,促进了英国贸易发展和国际信函的往来(图10)。"红便士"邮票的诞生使英国乃至全世界的邮政事业进入一个高速发展的新阶段,标志着世界近代邮政的产生,具有划时代的意义。

综上所述,"红便士"邮票的诞生,标志着现代邮政制度的诞生和实施。"红便士"邮票是为实施"均一便士邮资制"而采用的邮资凭证,它记录了现代邮政的发展历程,见证了现代邮政的变革,促进了现代邮政的进步,在邮政历史上具有极其重要的地位和作用。

论"红便士"邮票在现代邮政中的地位与作用

图10　1869年伦敦寄瑞士的"红便士"实寄封

参考文献

[1] 詹姆斯·麦凯. 吉尼斯集邮世界之最［G］. 吴肇华，马世元，译. 北京：人民邮电出版社，1991.

[2] 朱祖威，主编.《中华世界邮票目录》编辑委员会，编. 中华世界邮票目录：欧洲卷［G］. 北京：人民邮电出版社，1995.

[3] 维多利亚女王邮票目录［G］. 普列茅斯：吉本斯公司，2008.

（文/黎伟民）

方寸之间的家国情怀

附:"红便士"邮票逸事

人们知道,1840年5月发行的"黑便士"邮票是世界上第一枚邮票,可是这枚邮票在发行仅仅九个月之后,就被"红便士"邮票替代了。为什么要发行"红便士"邮票?为什么说"红便士"邮票是齿孔邮票的"祖师爷"?为什么第77版"红便士"邮票是世界珍邮?这些问题,均能从下文找到答案。

一、"红便士"邮票诞生记

1840年冬,英国皇家邮政局局长双眉紧锁,眼睛凝视着办公台上的一份份关于使用"黑便士"邮票的邮情报告,思绪万千。

该年1月10日,维多利亚女王公开宣布,即日起英国邮政系统改革,实施均一便士邮资制,发行"黑便士"邮票。"黑便士"邮票使用后,一波三折,英国皇家邮政刻制了"马耳他十字邮戳",以做盖销"黑便士"邮票之用,而这个十字戳使用的红色油墨很容易被擦掉,因此,在当时就有人钻这个空子,多次重复使用同一枚"黑便士"。迫不得已,英国开始使用黑色的邮戳。虽然黑色邮戳印记不再那么容易被擦掉,但在黑色票面的映衬下,黑色的邮戳印记依然不清晰,在这种情况下,"黑便士"邮票重复使用的现象仍然没能得到改善。

局长站起身,在办公室里来回踱着步。

办公室地板上铺着地毯,一边墙上挂着"黑便士"邮票的放大图和英伦三岛的皇家邮政邮路示意图,另一边墙边摆着书柜及文件柜。

"笃笃、笃笃笃",办公室响起了敲门声。

英国皇家邮政局局长闻声后问:"谁?"

门外有人回答:"罗兰·希尔。"

局长打开门后说:"请进,希尔先生。"

"黑便士"邮票的设计者罗兰·希尔走进英国皇家邮政局局长的

论"红便士"邮票在现代邮政中的地位与作用

办公室，两人相互问好后，一起走到办公桌前。

局长指着办公桌上"黑便士"邮票的使用情况报告说："希尔先生，你来得正是时候，发行使用'黑便士'邮票碰到了问题。"

罗兰·希尔询问道："有什么问题？"

局长回答："皇家邮政局虽然使用黑色的邮戳，黑色邮戳印记不再容易被擦掉，但在黑色票面的映衬下，黑色的邮戳印记依然不清晰，在这种情况下，'黑便士'邮票重复使用的现象仍然没能得到改善。怎么办？"

罗兰·希尔转身指着墙上挂着"黑便士"邮票的放大图说："在设计印刷便士邮票时，我们选择了四种颜色：红色、蓝色、棕色、黑色。当时决定1便士邮票采用黑墨印刷，因为对于雕刻的钢板来说，黑墨比其他色彩更为优越。"

罗兰·希尔回身指着办公桌上"黑便士"邮票的使用情况报告说："'黑便士'邮票使用过程中出现的黑色邮票图案和黑色邮戳印记层次不清晰的问题，是否可通过改变1便士邮票的邮票图案颜色来解决？是否采用红颜色墨印刷1便士邮票？"

局长听了罗兰·希尔的答话，凝神沉思一阵，说："希尔先生，您的提议很好。请拟个方案，提交英国皇家邮政局，解决便士邮票使用过程中的问题。"

…………

英国邮政局长打开邮票样票资料存档柜，拿出红便士邮票的样稿资料和"红便士"邮票的样票图样交给罗兰·希尔。

罗兰·希尔拿着"红便士"邮票的样稿资料，匆匆离开英国皇家邮政局局长的办公室。

英国邮政局局长推开原来紧闭的玻璃窗，清新的空气进入办公室，一缕阳光照亮那张英伦三岛的皇家邮政邮路示意图。

1841年2月10日起，英国皇家邮政局决定，一便士邮票改用红色油墨印刷发行，这种红色油墨印制的一便士邮票被称为"红便士"邮票，简称"红便士"，并且取代了使用仅九个月的"黑便士"邮票。"红便士"邮票的诞生，遏制了便士邮票重复使用的现象，完善

方寸之间的家国情怀

了英国邮票使用的制度,促进了英国邮政业务的发展。1840年,英国全国一年只有7600万件邮件;1841年,英国使用"红便士"邮票后,全国一年邮件猛增到20800万件。英国使用"红便士"邮票十几年后,原本财政长期拮据的英国邮政转亏为盈。"红便士"邮票的成功使用,是英国邮政业务增长的关键助推器。

二、有齿"红便士"邮票趣闻

伦敦市中心的一家酒店里,一位记者把当天的新闻写成稿后,分装在十几个信封里,准备寄往外埠的数家报馆。

记者抬头环视四周后,询问服务员:"服务员,有剪刀吗?"

服务员摇头:"先生,没有剪刀。"

记者无奈地看一看手中的"红便士"邮票,叹息道:"真费事,怎样才能裁开邮局买来的版张邮票?"

记者焦急地站起身,手碰到了衣襟上的一只小别针。

他凝视着这只小别针,灵机一动,从衣襟上取下小别针,在邮票空隙刺出了一连串均匀的小孔,然后轻轻就撕开了"红便士"邮票。

记者将撕开的"红便士"邮票分别贴在寄往各地的信封上,轻松地吹着口哨,离开了酒店。

这个情景引起酒店里的亚瑟·亨利的注意,他想:早期的"红便士"与"黑便士"一样,寄信时要用剪刀将邮票一枚一枚地从版张上剪下来贴用,使用起来很不方便。若能在印制"红便士"邮票时,给"红便士"邮票版票增打齿孔,使用起来就方便啦。亚瑟·亨利受到启示,经过反复研究、实验,他发明了"邮票打孔机"。经过一番斡旋,邮局同意使用"邮票打孔机"。因此,从1854年1月28日开始,"红便士"邮票就开始"长牙齿"了,齿孔"红便士"邮票成为齿孔邮票的始祖。

在英国邮票税票总监的同意下,亚瑟·亨利于1847年10月1日向英国邮政总长提出他的申请,经邮局技术师认可,提请邮票税票总监批准,研制出了两台邮票打孔机。第一台装有两个滚轮切刀,用来打出由短切口组成的横向和纵向齿孔。第二台装有双刃刀,可以在纸上冲出行切口。"红便士"邮票在第70号和第71号印版上做试验，打出齿孔为11.5度的齿孔（吉本斯目录编号SG 16a，为亨利1848年首次试验齿孔邮票，非邮局出售）。1848年12月，第三台邮票打孔机装上一个16度的梳式打孔器，其上配有一行凿针，成为首代邮票梳式打孔机。在珀金斯·培根公司使用的几年间，邮票打孔机不断进行邮票打孔试验（吉本斯目录编号SG 16b，为亨利1850年齿孔试验邮票，非邮局出售）。1852年5月，亚瑟·亨利将经过改进的邮票打孔机交给戴维·纳皮尔父子公司生产制造。1853年，亨利发明的邮票打孔机在萨默塞特印刷厂正式安装使用。从1854年起，邮局开始出售有齿孔的"红便士"邮票，最初的齿孔度数为14度和16度（吉本斯目录编号SG 17，为1854年2月邮局出售的邮政官方第一种齿孔邮票，齿孔度数16度）。从1847年开始研制，至1853年正式投入使用，历时六年。自从爱尔兰人亚瑟·亨利发明了打孔机后，英国邮政局开始把第155、157、160至175版，共18版模上印刷的"红便士"邮票，从1854年1月进行凿孔试验，于1854年3月1日发行。其中，第157、163、166、173等四个版模印刷至1855年2月8日结束；其他14版模印刷至1854年8月24日止。仍用小王冠水印图邮票纸印刷，邮票规格为20×24毫米，齿孔度为14度、16度。第166版90%的齿孔为16度，14度齿孔的邮票非常罕见。

亚瑟·亨利发明的邮票打孔机问世后，邮票更便于公众使用了。邮局工作人员从此以后再也不用剪刀来剪开邮票，工作更轻松了。从此以后，齿孔成为邮票的一种特征。由于集邮者喜欢，齿孔也是花样迭出、形状各异——圆形的、椭圆形的、纺锤形的、星形的，层出不穷。

三、"红便士"邮票珍邮存世录

2016年2月，"红便士"邮票诞生的175周年期间，英国著名邮商斯坦利·吉本斯公司以47.5万英镑的价格售出一枚举世闻名的"红便士"邮票——第77版"红便士"邮票。各大媒体争相报道，"红便士"邮票也因此着实火爆了一把。然而，热情过后，很多人惊

方寸之间的家国情怀

奇地发现，许多"红便士"邮票售价其实很便宜，那么，那枚天价"红便士"究竟好在哪里呢？答案其实很简单。"物以稀为贵"。天价第77版"红便士"邮票，迄今有确切证据证实仅发现了八枚，其中四枚新票，四枚旧票。这几枚存世邮票有个特点，就是新票的位置大都是来自整版张的上部分，如AB、AC。而旧票则都来自整版张下面的几行，如MI和PI。要识别第77版"红便士"邮票，只要在"红便士"邮票花纹中去寻找隐藏着的77版号即可。

第77版"红便士"是1863年印制的（可能是仅仅作为试样），由于这块印版质量差，邮局认为不适合打齿孔而拒用，也从未出售这块印版生产的"红便士"，并且销毁了这块印版及印妥的邮票，但有极少数的几枚被使用了。本来第77版"红便士"是不应该存在的，就连当时英国负责批准印制邮票和注册的税务部门（Inland Revenue）也没有第77版"红便士"注册存档及印制的记录，然而这个部门却保留了第77版"红便士"的辊模压出的凹凸印样。这件凹凸印样与第75版"红便士"的凹凸印样及其他邮票的凹凸印样一起，被保存在一本厚厚的册子里面，这本册子被称为 Proofs: Recess Dies and Punches Embossing（《印样：辊模和冲床浮雕》），现存于大英图书馆。据第77版"红便士"注册准许的存档记录，第77版"红便士"没有注册，原因是不适合打齿孔，于1864年12月1日被销毁。仅有几枚存世，估计这几枚是发现缺陷前放在打孔机上试样张中的几枚，而此缺陷也导致此版没被批准。由于第77版"红便士"存世数量甚少，因此成为集邮家们梦寐以求的心仪之物，并且比著名的"黑便士"还要受宠，有实力的集邮家或投资家将它作为收藏或投资最抢手之稀世珍宝。它被爱好者称为"集邮界的圣杯"（the holy grail of philately）。从上文提及的存世数量及简介可以得知此版"红便士"如此昂贵及受世界各地的集邮者追捧百余年的原因。曾存世的八枚第77版"红便士"情况简介如下。

MI（图1）：1944年由珀西·杰克逊（Percy Jackson）发现，盖有横线环绕的数字"75"的销戳，下端被剪齐，当时以220英镑出售。在它成为菲利普（J. de R. Phillip）的藏品后，菲利普得到了皇家邮学会的证书。此票还有 BPA 的专家证书，号码为 84963，签发时间为 2014 年 9 月 15 日。它被威廉斯（L. N. Williams）的《珍稀和著名邮票百科全书》第 1 卷（第 99 页）收录。2016 年 2 月由斯坦利·吉本斯以 47.5 万英镑的价格售出。

AA：此票最终买主是美国的亨利·克罗克尔（Henry J. Crocker），1902 年 6 月 The Philatelic Record 的第 132 页有记载，但在 1906 年旧金山地震后的大火中丢失或被烧毁，未能留下图片。

图 1　第 77 版红便士（MI）邮票

AB：此票（图 2）由皇家邮集收藏，新票，有背胶，但不能确定是否原胶，大王冠水印，水印稍微偏中上及中左。上部齿孔用剪刀剪过，有点倾斜。此票于 1918 年 8 月 8 日由乔治五世国王花了 499 英镑 9 先令从一名叫布里杰和凯（Bridger and Kay）的邮商手中购得。

AC：此票于 1919 年由邮商查斯·尼森（Chas Nissen）发现，并记载在 1919 年 10 月的 The

图 2　第 77 版红便士（AB）邮票

British Philatelist（《不列颠集邮》）第 12 卷第 8 期上。爱德华·丹尼·培根（E. D. Bacon）指出：此票与皇家邮集的 AB 票是同一色，这两枚票曾经是一对……此票如 AB 票一样，上部齿孔用剪刀剪过，有点倾斜。此票在 1959 年 11 月 4 日的罗布森·洛（Robson Lowe）拍卖会上转手给了拉斐尔少校（Major Raphael）。当时被描述为"几乎带原胶的上品"。1965 年被偷盗后，至今仍无踪影。

方寸之间的家国情怀

BA：此票为新票（图3），原为塔普林邮集藏品。大王冠水印（Ⅱ型），无背胶。塔普林去世后馈赠大英博物馆，现由大英图书馆收藏。

LL：此票于1906年由勒·加莱（Mr. N. V. Le Gallais）发现，他是一位热衷"红便士"的集邮者。1906年10月20日，此票到了泽西岛（Jersey）的克拉兰（MR. G. E. J. Crallan）手中，他从皇家邮学会拿到了证书，证书日期为1914年12月14日，由爱德华·丹尼·培根

图3　77版红便士（BA）邮票

（E. D. Bacon）签字，号码为4900。1915年9月28日在伦敦为赞助比利时救济基金举办的《每日电讯日报》的拍卖会上，此票由帕蒂克·辛普森拍卖行（Puttick and Simpson）拍卖售出并得到50英镑的善款。现由菲利普斯（J. W. Phillips）收藏。此票盖有在圆圈内80数字的销戳（"80"为伦敦Tottenham地区使用的数字），圆圈外有横线环绕，为1858年起伦敦邮政总局使用的复式垂直椭圆形销戳。

PH：此票于1924年由里德黑得（A. O. J. Readhead）发现，H. F. Johnson公司在同年12月《邮票爱好者》上的广告标价为200英镑。后来此票易手，于1956年2月15日由休·格林韦尔·弗莱彻（Hugh Greenwell Fletcher）以300英镑购得，他在1968年去世，将邮集留给了伦敦北部的布鲁斯城堡博物馆（the Bruce Castle Museum），此处曾是罗兰·希尔家族创办的名叫布鲁斯城堡学校的男孩学校。此票最后在1989年转给大英图书馆收藏。

PI：2012年，斯坦利·吉本斯公司以55万英镑拍卖的第77版"红便士"即PI，此票和一枚4便士票贴在了一张封片上，买家为澳大利亚的一位收藏家，此票也是英国到目前为止售出的最昂贵的单枚邮票。此票是曼彻斯特邮商J. E. 利（J. E. Lea）发现的，在1920年10月30日 *Stamp Collecting*（《集邮》）中有记载。此票上有数字

"15"外加粗线环绕的盖销戳，此邮戳由当时的伦敦邮政总局使用。

集邮家文斯·科德尔指出："第77版'红便士'邮票会给有史以来最优秀的邮集增光添彩，它不仅是一枚漂亮的展品，同时也是英国乃至世界集邮界伟大的稀世珍宝之一。"

(文/黎伟民)

国外集邮记

(一) 从一枚"大龙邮票"说起

离开广州30多年之后,在美国中部艾奥瓦州一个小城市的邮商店铺里,店主(因为下文有多处提及,就称呼他为"本地邮商"吧)问我集什么邮票,当时我的回答是全世界的邮票都收集。本地邮商哈哈大笑,说哪有这样集邮的,全世界邮票那么多,你能够收集到多少?他给我翻阅了一盒又一盒以国家分类的、按照Scott邮票目录顺序排列的盒子,里面承载着井井有条的以编号定位每一枚邮票的邮票卡。以前在广州,我把邮票插在邮册,广州的潮湿天气使很多有背胶的新邮票都粘在邮册上,于是我只好把它们泡水洗掉了背胶,因此损坏了不少心爱的邮票,我心疼得不得了。从此我都是用本地邮商这种很好的方法储存邮票,还在盒子里面放吸湿剂防潮。虽然欣赏、把玩的时候麻烦一点,但可以使邮票完整地保存几十年。

翻看到中国邮票部分,一套邮票吸引和震撼了我,这套邮票的Scott邮票目录是CHINA 1-3。图案正中绘了一条五爪蟠龙,以云彩和水浪衬托,这是中国发行的第一套邮票,集邮界习惯称其为"海关大龙",简称"大龙邮票"。邮票上"大清邮政局"五个字潇洒醒目,"大龙"两目圆睁,腾云驾雾,呼之欲出。上方标有"CHINA"(中国),下方标有"CANDARIN(S)"(分银)字样。我第一次见到它便有一个直觉,这是老祖宗留下来的文化瑰宝,我太喜欢了,这才是我应该收集和拥有的宝贝!此后我就开始专注收集这些在某种意义上算是"国宝"的中国早期邮票。在华人比较少的辽阔的美国中

国外集邮记

大龙邮票

西部平原，居然有缘看到和收集到这些宝贝！而且因为当时当地收集中国邮票的人不多，价钱还相对便宜。我认为，邮品不断发行，人生有限，与其不断追求新邮，不如探本溯源，从最早的第一枚、第一套邮票开始收集更有价值，更有意义。

我收藏的第一张清代大龙邮票——中国发行的第一枚邮票

那时候我对中国早期邮票一无所知，因为以前从来没有见过。紧接着，我又看到了中国第一套防伪邮票——小龙邮票。每张小龙邮票都带有太极图的防伪水印，另外采用了易溶解于水的油墨，令其在水

方寸之间的家国情怀

中浸泡较久就会变成一张仅见水印的白纸。我发现，虽然小龙邮票与大龙邮票图案相同，但是，大龙邮票的中文字漂亮，英文字和数字就不怎么样；小龙邮票上的中文写得歪歪扭扭，而英文和阿拉伯数字则整齐美观。当时我猜测大龙邮票的印版很可能是中国人制作的，而小龙邮票则是外国人制作的，后来发现其他人也有相似的看法。从此，我对清代、民初这些中国的早期邮票情有独钟，在自己能力所及的情况下有票必买。

小龙邮票和太极图水印

"工欲善其事，必先利其器"。我收集这些邮票的时候，除了在图书馆可以借到美国 Scott 公司编写的邮票目录（*Scott Standard Postage Stamp Catalogue*）之外，苦无别的参考资料。少年时代的好朋友、启蒙和支持我集邮的冯志荣哥哥花了很多宝贵时间在国内参考了各种书籍，写成《中国邮票概述》和《中国珍邮撷英》文章，它们成了我最初的参考目录。后来，我在本地邮商处买到了马任全先生的巨著《国邮图鉴》英文版、*Special Catalogue of the Stamps of China 1941 First Edition*（《中国邮票特种目录》1941 年初版）和 *Standard Catalogue China and Treaty Ports 1935*（《中国及各商埠邮票标准目录 1935 年》）等书籍，由此开始了我的集邮猎奇寻宝之旅。

国外集邮记

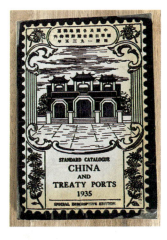
中国及各商埠邮票标准目录

马任全《国邮图鉴》英文版

（二）邮展

本地邮商在艾奥瓦州颇为知名，经营几乎全世界的邮票和钱币。他手中的中国邮票不多，但集邮的信息比较多。因为他的店铺就在我工作地点的隔壁，于是我就成了他的常客。在那里，我得到了附近几个城镇不定期举办邮展（stamp show）的消息。

所谓邮展，其实是邮商们的展销集会——邮市。艾奥瓦州几个城镇，以及相邻的明尼苏达州、伊利诺伊州、内布拉斯加州、堪萨斯州的邮商云集，他们多选择星期天，在艾奥瓦州与伊利诺伊州的交界达文波特市、堪萨斯城、明尼阿波利斯市，乃至在中部重镇芝加哥市举行邮展。这些地方离我家都不近，需要在高速公路开车2～6小时才能到达，还要在地图上搜索一番才能找到目的地。当时，我对邮票的兴趣逐渐发展到废寝忘食的地步，一知道有邮市的消息，就开车去"寻宝"。邮票虽小，有些却价值不菲。要想拥有它们，唯有节省其他生活开销。餐馆只能安排我每周休息一天，我们夫妻俩赶早起程，带上一壶水和干粮，开几小时车去"赶集"。舍不得花钱投宿，就连夜出发，到目的地后才在车上睡觉到天亮。遇到好的邮票总是不惜倾囊付出。在邮市中,我的贤妻几十年来鞍前马后,每一次都提着装着收集清单和邮票目录的小手提箱陪伴在我身旁。邮商们都认识她,拿她开玩笑,说"保镖(body guard)又来了"。有一次,买的邮票实在太多了,邮商觉得不好意思,偷偷劝内子说:"You should stop him now."(您现在该制止他了。)为了集齐一套邮票,特别是那些大套票的普通邮票,需要一枚一枚地收集,而补齐有些套票,需要几年甚至十几年时间。

由于经济能力有限,或者一时下不了决心,在邮市错过了不少有趣的邮品,这让我后悔不已。记忆犹新的有一件事:我对清代的明信片和印刷品很有兴趣,我收藏的邮品水彩画图片里面有中国清代的风土人情:北京街道、上海外滩、杭州西湖、沈阳皇陵、烟民、皇帝出巡、清朝的婚礼、光绪皇帝头像的"保皇会印信",还有故乡广州市的鸟瞰图和琶洲塔,等等,却错过了一张清朝末代皇帝溥仪的画像明信片。

末代皇帝画像明信片
(图片来自互联网)

价格高的"筋票"一般在邮市是看不到的。所谓"筋票",是指整套邮票中起着支撑作用的邮票,往往是在套内面值最高、发行量最少或者是存世量最少的邮票。这类"筋票"需要不惜代价,去拍卖会上竞拍才能求得。

(三)邮购和拍卖会

通过本地邮商的邮购宣传单,我还有幸认识了公司在佛罗里达州的美国最大的中国邮票商迈克。迈克是靠经营邮票和钱币成功的,主修哲学的他大学毕业后最初在亚特兰大一家邮票店工作,1976年在一家钱币商店租了一张桌子开业。他眼光独到,大量收购了当时很便宜的中国邮票,这些邮品多是欧洲的集邮者早年带到美洲大陆的,很大部分是长者的毕生收藏或者遗产。在信息不发达的20世纪80年代和90年代,迈克靠邮购和经营拍卖会(auctions),将这些收购来的中国邮票零售到全美国乃至世界各地。他的中国邮票价目表编印得很好而且品种很齐全,但价钱比邮市要高。我没有去过迈克的公司参观,却通过邮购买到了我在邮市中找不到而需要补齐的邮票。由于我经常向他购买邮票,他会定期将新一期的销售价目表和拍卖会的广告邮寄给我,我从这些图文并茂的印刷品中学到了很多知识。参加拍卖会的竞投可以通过邮寄投标或者电话投标(仅对有信用的老顾客开放)。"中标"(竞投出价最高因而成功)的成交价(hammer price)是第二高的投标价钱,另外还要付 15%～20% 的佣金(buyer's premium)和邮寄费用。所以,拍卖会或者拍卖销售的很多邮品我是买不起的,只能"望邮兴叹"。不过,却有幸大开眼界,从照片上见识了不少珍邮的真容,例如下图所示未发行的"临时中立"邮票。

未发行的"临时中立"邮票(图片来自迈克的拍卖会广告)

方寸之间的家国情怀

　　加盖"临时中立"和"中华民国临时中立"字样的邮票出售时间很短，数量极为稀少，因而十分珍贵。这两种不伦不类的加盖邮票，连同未发行的，每一种各为23枚，通常把两种加盖作为一大套收集，共计46枚。该票的大全套存世不超过五套。1943年，中国抗日战争处在相持阶段，为了得到美国的援助，宋美龄访美，拜会爱好集邮的罗斯福总统。据说筹办礼品时设法从上海胶州路邮票供应处的库房取出四册"国家邮集"运到重庆，里面有完整的从1878年清代第一套大龙邮票到民国时期的全套邮票，将其中一册赠予罗斯福总统。46枚大全套最近一次亮相是在1995年9月17日北京邮品拍卖会上。

2012年的一次邮品拍卖会开标结果（大龙邮票）

　　我虽然通过迈克邮购过不少邮票，也参加过他主持的拍卖会并中过标，但是我们只见过一次面。迈克经营邮票的成功来之不易，他每年都和助手开着车在全美国巡回采购，2010年还来过我们在艾奥瓦州的家。

　　我通过类似这样的邮购和拍卖会竞标过的还有其他几个公司，有

2018年的一个拍卖公司的中国邮票拍卖目录页

的还远在欧洲,例如荷兰的 D 和 O 交易公司(D & O Trading)① 等。它们都会将邮购和拍卖会广告印发邮寄给买家,在此从略。

(四)孤儿院的义卖

艾奥瓦州附近有一家名叫少年镇(Boys Town)的孤儿院,接受社会上的各种捐赠,包括世界各地的邮票,其中不乏珍邮。孤儿院的经理史蒂夫是一位热心的集邮爱好者。他在院内建了一个集邮中心,里面摆放着地球仪和很多集邮参考书,目的是培养小朋友们从小对集

---

① D 和 O 交易公司(D & O Trading),中国、日本及远东邮品专卖邮购拍卖会。公司地点在荷兰格罗宁根省泽伊德霍伦。

方寸之间的家国情怀

邮的爱好，指导他们对邮票进行鉴别和分门别类，然后在孤儿院和附近城镇举行邮展会义卖。我有缘认识了史蒂夫，认购了不少中国邮品，我也捐献过一些邮票给孤儿院。有一次，史蒂夫介绍被香港集邮界称为"咸菜王"的 1865 年发行的维多利亚女王头像橄榄棕色 96 先时珍贵邮票给我。它是错色邮票，新票存世数量极少，集邮界不时把 96 先时橄榄棕色邮票四方连与清代红印花小字"当壹圆"相提并论。就是这枚邮票，引发了我对收集其他维多利亚女王头像香港普通邮票的兴趣。因为香港和澳门都是中国的领土，我在收集中国内地早期邮票的同时，对这些早期的香港和澳门邮票开始感兴趣，决心也收藏它们，希望通过它们进一步了解祖国的历史。

香港第一枚邮票　　　澳门第一枚邮票

罕见的"咸菜王"旧票，盖有蓝色的 B62 邮戳；右边是正确色调的棕灰色邮票

这枚邮票的独特之处在于其橄榄棕色。1862 年香港发行开埠以来的第一批邮票，计有 2 先时至 96 先时，共七个面值，其中 96 先时

应为棕灰色。1864年3月，德拉罗印刷公司印制另一批96先时邮票时因错色，令票面变成橄榄棕色。错印后由于时间仓促未能及时改印，香港邮政局遂于1865年1月至2月发售，直至同年7月至8月间，正确刷色的96先时邮票印妥并推出市面，这些错色邮票才退出市场。根据记录，此款错色邮票全球只有约40件新票存世，弥足珍贵。

邮票的异类：错体邮票和变体邮票

珍邮大多数都是由错体邮票和变体邮票组成。错体邮票主要是由于设计的差错，造成图案、文字等错误，邮票上存在一些不符合历史事实、违反科学或文字不准确等错误，并经邮局售出的邮票。所以，错体邮票的缺陷是设计造成的。变体邮票是在制版、印刷、打孔、加盖等过程中造成差错并经邮局售出的邮票，所以变体邮票的缺陷是在制作过程中造成的。两者都有一个先决条件，就是通过邮局流入市场。由于邮票的印制工艺复杂、工序繁多、用料不同，极易出现各种差错，差错可谓五花八门，因此变体邮票比错体邮票要多得多。

茫茫邮海，世界上各国和各地区的邮政部门在发行邮票的过程中曾经出现过许多错体、变体邮票，也闹出过不少鲜为人知的笑话。先分享一则"情人邮票"的温馨故事。

a

b

最早的"情人邮票"

1918年，瑞典邮政部将面值25欧尔的邮票加盖改值为12欧尔，

邮票的异类：错体邮票和变体邮票

谁知在用机器加盖时，有一版颠倒了，致使这版 30 枚邮票上加盖的"12"全部头朝下，并逃过检验人员的眼睛，被发售到一个名叫古里克斯堡的小地方。当时这里恰好有一个坠入情网的伐木工人，每天都要给远方的心上人写信，就买下了这张整版"12"倒盖的邮票。一个邮迷知道这个消息后，下决心找到这一版错体邮票。几经曲折，在北方林区找到了这位伐木工人。可是这 30 张邮票已被伐木工贴信寄给了他的恋人。这位邮迷又跟踪追找，赶到南方，找到了那位正在热恋中的姑娘。幸亏这姑娘把伐木工寄给她的情书和信封都保存了下来，从而使这 30 张错体邮票一张不缺。邮迷见到这些珍品喜出望外，以 6000 克朗买下了邮票。这笔钱等于伐木工人三年的工资。这对未婚恋人原计划再等三年攒够了钱再结婚，这下却意外地得到了这笔收入而将婚期提前了，皆大欢喜。由于这版倒盖"12"错印邮票全部用来寄递情书，并促成了这对男女终成眷属，故集邮界把它称为"情人邮票"。

错体邮票和变体邮票基本上都可以被纳入珍邮的范畴。鼎鼎有名的"民国五珍"（后五宝）——宫门倒印、限省新贴用、北京老版帆船 3 分改作 2 分倒盖票、北京新版帆船 4 分改作 3 分倒盖票和纽约版孙中山像倒印票都是错体票和变体票。"民国五珍"非常难得，因而价值连城，不是一般邮迷可以遇到并拥有的。然而，清代邮票和民国邮票当中，却有当时可以大行其道的名副其实的错体邮票。

先看清代第一套纪念邮票慈禧寿辰邮票，由时任海关造册处税务司兼邮政总办的葛显礼主持印制，由德国高级邮票设计师费拉尔设计，其中 3 分银票和 6 分银票中竟然把传统的伏羲八卦和文王八卦所有的卦象全都上下、左右颠倒了！这可叫颠倒乾坤呀，在充满迷信的封建社会这可是万万使不得的，更何况是在给"老佛爷"祝寿的邮票上。这个漏洞被发现后，葛显礼觉得事情紧急，结果由于保密而不了了之。

这套无可争议的中国第一枚错版邮票中的 3 分银和 6 分银邮票，其价值当不在任何一枚错体邮票之下。如今，一枚品相完好、未经盖销的 3 分银或 6 分银邮票已难得一见。

方寸之间的家国情怀

清代第一套纪念邮票

另一套错体邮票是日本版石印蟠龙邮票。这是清代国家邮政成立后正式发行的第一套普通邮票。发行数月后才发现这套邮票出错了,误将邮票图案中的英文"CHINESE IMPERIAL POST"(大清帝国邮政)误印为"IMPERIAL CHINESE POST"(帝国大清邮政)。

日本版石印蟠龙邮票

邮票的异类：错体邮票和变体邮票

大清邮政局不得不让英国方面重新印制蟠龙邮票。错体的日本版蟠龙邮票发行时间不长，仅使用了几个月，因此数量极少，堪称"一票难求"。这套邮票无论新票还是旧票，都很难集齐一套。

这套邮票面值5角票有两种变体邮票，十分名贵。5角邮票原为黄绿色，据说有些洋员利用职权之便，在监印和加盖改值邮票时故意制造了一系列人为的错异变体，造成了异常珍贵的墨绿色和蓝绿色错色票。据有关资料考证，只印发了墨绿色邮票160枚，蓝绿色邮票80枚。存世量应该远少于这个数字，至今没有发现过旧票。

原邮票　　　　　　蓝绿色邮票　　　　　　墨绿色邮票

著名的"大头壹"（retouched corner）和"壬字头"（broken corner）蟠龙邮票，也是变体邮票。

在英国伦敦华德路公司的无水印版蟠龙邮票的橘黄色1分票印刷过程中，出现了少数"壹"字字模发生破裂的现象，英国的印刷工人发现后，为对印刷质量负责，把损伤部分磨平重新镌版。由于时间紧、任务重，使用人工来修饰印刷原版。其印版第8格第20枚右上角的大写"壹"中的竖划明显比正常票要粗大，故名"大头壹"；另外，由于印刷工人不认识中文字，在修饰原版时，将其印版第8格第12枚右上角的"壹"字头上的"士"字多加了一撇，修改成"壬"字。这种变体票和其他正票一起被运回中国时，恰值辛亥革命推翻了清政府，建立中华民国之际。因而除少数发给长沙等地邮局使用外，留在印刷厂的1分票加盖了"中华民国"字样。偶尔有漏盖变体"大头壹"和"壬字头"票流出来落入了集邮家手中，十分稀罕。目

方寸之间的家国情怀

（正常） （变异） （变异）

1分银邮票和红色2分银邮票的变体

邮票的异类：错体邮票和变体邮票

前，所知未加盖的伦敦版蟠龙无水印 1 分 "壹" 壬字头修饰字体新票存世量为五枚。加盖的 "大头壹" 和 "壬字头" 也因为只占整版的 1/240 而珍贵难求。另外，红色的 2 分票、蓝色的 1 角票和 1 圆票、2 圆票也有变体邮票。

在民国邮票当中，抗战时期邮政当局委托美国钞票公司承印的美国开国 150 周年纪念邮票（纪 12）的日期出错了，1939 年 7 月 4 日应该是美国独立 163 周年。这也是一套错体邮票。奇怪的是，竟然没有人发现这个错误，邮票被运回中国发行，照常使用。

回归祖国之前的香港普通邮票最著名的变体邮票，是上面介绍过的被香港集邮界称为 "咸菜王" 的 1865 年发行的维多利亚女王头像橄榄棕色的 96 先时邮票。

还有一种变体邮票是人为的 "刷色变异"（shade），这种邮票也比较珍贵。以上提及的清代伦敦无水印版蟠龙邮票、香港维多利亚女王头像普票就有多种。

（文/黄绍锵）

赝品邮票小故事

浩瀚的邮海隐藏着不少珍邮，令寻宝的集邮爱好者乐此不疲。珍邮价格不菲，集邮几十年，由于能力所限，我常常不能如愿拥有它们，但可以从书籍报章和邮展、邮品拍卖会的目录照片和文字中一览其庐山真面目，增加知识，开阔眼界。在集邮过程中，我还有幸遇到过一些赝品。在此与大家分享这些有趣的经历，作为花边新闻和小插曲。

求得珍邮的一个途径便是在拍卖会竞拍。几十年前信息不发达的年代，美国的邮票拍卖行会提前把邮品印刷成为图文并茂的拍卖目录，珍邮都附有彩色照片，将目录邮寄给有兴趣的潜在的买家。如果拍卖的邮品特别珍贵，还可以寄信或者打电话索取更详细的资料，包括邮票背面的照片等。拍卖会举行的当日乃至前一两天还开放实物参观，拍卖会多租用一些大旅馆的厅堂。虽然忙于工作不能亲临拍卖现场，但我在投标之前，一定会对邮品做详细的了解。

有一次，我在一份拍卖会的目录中看到一套"京奉空中邮运开班纪念"无齿邮票。

1921年，北洋政府计划开辟北京至奉天的航空航线，拟发行"京奉空中邮运纪念"邮票一套。图案为展翅飞翔的鸟、北京天坛和奉天喇嘛塔。全套邮票共三枚。这套被废弃不用的邮票后来仅有少数流出，被认为是中国未发行的航空邮票和难得一见的珍邮。

京奉空中邮运开班纪念邮票

京奉航空邮票

1921年，北洋政府计划开办北京至奉天（今沈阳市）的航空线，并预定寄递邮件。由北京顺天时报馆石印"京奉空中邮运开航纪念"邮票一组，以北京天坛和奉天喇嘛塔为图案。计有1角5分绿色、3角红色、4角5分紫色三种。后此航线因故未办，邮票也未正式发行。现所见多盖有"样票作废"戳记。

这组邮票在1924年5月6日奉天—营口通航时，又曾由奉天当局命令作为航空邮票贴用，故也有旧票，但非邮局正式发行，仍不能认为是正票。

方寸之间的家国情怀

京奉邮运纪念邮票纪念张

当时我参考了各种集邮文献,都没有查到有关无齿邮票的资料,遂打电话询问拍卖公司,问及"无齿票"的纸质和背胶,对方答复是厚纸,没有背胶。我对照了"无齿票"的图形和资料中原票的图形的差异,发现邮品图形比原票图形粗糙,就提出有人将邮商印制的纪念张剪开,冒充留有宽边的无齿试印样票的意见。拍卖公司老板接受了我的说法,将此项拍卖品下架。

又有一次,我在拍卖会拍到了一枚寻觅已久的清朝邮票。1903年,福州邮局1分邮票售罄,为了应急,将库存的红色2分蟠龙邮票对角一分为二,暂作1分贴用,即"福州蟠龙对剖邮票"。这种邮票一定要贴在信封上并且盖有"Postage 1 Cent Paid"(已付1分邮资)的长方形木戳,而且有日期1903.10.22至1903.10.24福州圆形邮戳的才是真品,随便拿一张2分票对角剪开则不算数。由于福州蟠龙对剖邮票的独特性,价值比普通的2分蟠龙邮票高得多,因此,这种对剖邮票和信封的赝品就应运而生,而且极多。

赝品邮票小故事

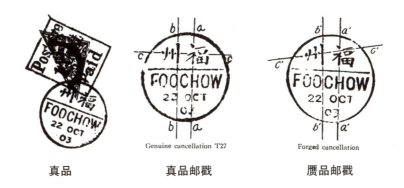

真品　　　　　真品邮戳　　　　　赝品邮戳
　　　　Genuine cancellation T27　　Forged cancellation

　　我收到拍到的邮票之后，研究了一番。从邮戳发现它竟然是一枚赝品。集邮宁缺毋滥，最忌收集到赝品而不知。虽然后来我一直与福州蟠龙对剖邮票无缘，我当时还是把邮品和证据资料一起退了回去。拍卖行欣然接受了我的退货并且把赝品退给了卖家。类似的事情还偶尔发生，不过，大多数情况是我在邮市发现邮商对邮票的定位错误而提出意见，从而使错误得到了纠正。在充分的资料证据面前，邮商们往往都是从善如流的。

　　是不是所有赝品都是过街老鼠而被人弃如敝屣呢？非也。先从一个偶然发生的小故事说起。

　　30多年前，在艾奥瓦州一个小城镇的邮商那里，我翻看他的香港邮票，赫然发现一套邮商标明"Hong Kong Forgery"的"邮票"，也就是香港邮票赝品，虽然价格比同样一套真品邮票便宜一点，但并不便宜。下图是赝品，做工精美、惟妙惟肖。图幅、齿纹与真品一模一样，只是纸质、背胶、水印（应该有的，恰好这套邮票无水印）模仿不了。最假的反而是加上去的伪造的B62邮戳，一眼就能看出来，颇有点儿"画蛇添足"的效果。

维多利亚女王头像第一套普票（赝品）

方寸之间的家国情怀

以下才是香港1862年发行的维多利亚女王头像第一套普票的真容。

维多利亚女王头像第一套普票（真品）

既然明确标明"邮票"是赝品，我的观念就转变了，把它当作精美的艺术品收藏又何妨？于是欣然收藏了它。

《红楼梦》里有一副对联"假作真时真亦假，无为有处有还无"。在世界集邮史上，还真有一个邮票造假"专家"的故事与大家分享。

有一个名叫斯佩拉蒂（Jean de Sperati）的意大利人，小时候是一个忠实的集邮者。14岁的时候，他想购买一枚比较珍贵的邮票，攒了好几个月的钱才从一个邮商那里买到了这枚邮票。可是后来他发现这枚邮票竟然是赝品。他非常生气，发誓要报复邮商。从此，他开始学习邮票造假技术。后来他制造的假邮票，连知名的邮票鉴别家都无法识别出来。有一次，他在出境时被查出携带了很多名贵的邮票，政府要以私自携带贵重物品出国的罪行处罚他。他在法庭上辩解称，这些名贵的邮票其实都是他自己制造的假邮票。法庭特请来有名气的邮票辨别家来识别，结论居然是这些都是真邮票而不是赝品。既然连专家都这样认为，他索性就再制造出那些贵重邮票赝品呈上法庭，证实了那些邮票确实是赝品。下面是他制作的几枚著名的世界珍邮。

赝品邮票小故事

斯佩拉蒂制作的精美假邮票

  1952年，法国政府因造假、欺诈罪判处他两年监禁。但他因年事已高，因而躲过了牢狱之灾。1953年，为了保护集邮界不受假邮票的侵害，英国皇家集邮协会出面收购了他所有尚未脱手的"作品"。与其他假邮票不同的是，他制作的假邮票的价格远远高于真邮票。1955年，根据收购的假邮票，英国皇家集邮协会出版了《斯佩拉蒂的造假邮品》一本。2001年，英国皇家集邮协会出版了这本书的第二版，其中增添了近40年来发现的102件斯佩拉蒂的造假邮品。

  被香港集邮界称为"咸菜王"的1865年发行的维多利亚女王头像橄榄棕色96先时珍贵的邮票，与这位造假专家之间也有一段故事。斯佩拉蒂造的假香港"维多利亚女王96先时橄榄棕色邮票"，同样为雕刻版，票的正面几乎令集邮者难以分辨。缺点是没有水印，以及色泽带稍许黄色，票背上都有他名字的印记。一位香港集邮家由于他的香港邮集新票只欠缺那枚香港"维多利亚女王96先时橄榄棕色邮票"，多年来一直在寻找机会完成心愿，20世纪90年代曾出手60万港币竞投一枚，因最终竞价为80万港币而失败，只好转而购买一枚斯佩拉蒂制造的假香港"维多利亚女王96先时橄榄棕色邮票"艺术品来补齐空缺，聊胜于无。谁知在一次邮票拍卖会上，出手2000美元投标竟然还是落败了。

（文/黄绍锵）

附录

《广州日报》的报道

今日人物

3765枚珍贵邮票无偿赠广州

广州籍华侨黄添30多年集邮收藏浓缩中国近代史
广州地方志馆为其捐赠邮品专设特藏室展出

为了能当管和向公众展示这批珍贵的邮品,广州市地方志馆为此特设了展厅、展柜,还协调了全国第一个由地方志部门和公安部门联合建立的24小时视频监控以及防火防应急应急。让每一枚邮票都能恒温恒湿保存在其中,即便是身在外国也能通过手机远程查看。

"很父亲20世纪50年代到60年代他是公办公室爱车票员工"广交会"工作,他多次赴往江苏上海等地,邮票寄回来成为每一张都记满了父亲的情感,这些邮票收藏了很多父亲托回来的邮票,是这些邮品让我积累了浓厚的兴趣。"黄添说。

儿时便走进"方寸世界"

黄添是土生土长的广州人,在广州山区大坡镇长大。说到邮票这一兴趣,黄添说其起源于父亲。他父亲当时是在广东一家国营外贸公司工作,经常奔波往国内各大口岸和港澳地区,因此黄添家中总是攒了各种各样的信件和邮票,黄添从小就对邮票产生浓厚的兴趣。

从小在邮票收藏家庭长大的他,除了收藏邮票,也热衷于研究邮票背后的故事。"每看一张邮票,我都会查找相关书籍来了解邮票背后的故事,了解这张邮票的设计理念、邮票所展现的内容等,大大拓宽了我的视野,丰富了我的知识面。"黄添说。

在当时的邮票市场上,大多数为集邮爱好者,真正对邮票的历史研究的人却不多。而时下正处于黄添对历史感兴趣的时刻,他把收集的民国纪念邮票、民国纪念邮票、民国纪念邮票、民国纪念邮票逐一研究。1932年发行的《中华民国邮政》,黄添收集了多套邮票。他只是当时年幼,黄添的父亲看到他只是一张张地收藏,但是仍然坚持地保留邮票并给他讲解邮票背后故事。

到后来,黄添收集中国邮票的兴趣逐渐被发掘出来,已经收集大量中国邮票。"那时候集邮票也有困难,我们小小的一个人,只要打开一本邮票册,看着一张一张地邮票,我就非常很快乐。"黄添说,每张邮票背后都有一段故事,每次了解邮票的历史,都觉得像是在跟历史对话。

"邮票虽小,但价值无限,每一张邮票都是一次时间和空间的旅行,邮票记录着历史。"黄添说,"方寸之间包罗万千世界",而对于定居国外的"老广"黄添来说,邮票不只是一生的兴趣,更是对祖国故乡的情感寄托。黄添近30多年始终所能收集整理了以中国近代史的时期的邮票,他视这些邮票为自己的"儿女",寄托他对祖国和故乡的热爱。为了让这些"儿女"能落叶归根,2018年和2019年,他先后两次将多年的3765枚中国邮票无偿捐赠给广州市地方志馆。而黄添家与地方志馆合力在黄添与地方志馆合作下,广州市地方志馆特设"黄添系列展览"在广州市地方志馆新活力"系列展区并开放受赠邮品仪式上,黄添向记者讲述了他与邮票的不解之缘。

文图/广州日报全媒体记者 高鹤涛

黄添向记者介绍他所精挑的珍贵邮票。

左秀发

左春仁

红军烈士后代的小康路:

父亲让儿子返乡创业
如今成村里脱贫"领头雁"

近日在江西省井冈山市茅坪镇神山村村民左秀发家,满屋尽是来人注目的热闹景象。参加红色培训的各地学员陆续涌入,乐在其中。来,两长一家对材民来打糍粑,送竹笋、品尝山珍品,其乐也。68岁店能展现在还这样红火,"左秀发说。"左秀发是习近平来到神山村看望过的贫困户。2016年2月2日,中共中央总书记、国家主席、中央军委主席习近平来到茅坪镇神山村看望贫困户,从那日后,神山村留下了脱贫的"快速道",而左秀发就成为外地游客前来时最想光顾的一个"打卡点"。这几年,左秀发的两个儿子也在父亲的召唤下回乡创业,成为带领村民脱贫致富的"领头雁"。

文、图/广州日报全媒体记者 首光火

红军后代脱贫以身作则

神山村住于井冈山市的山区,距离大城市远,高山闭塞,交通闭塞,长期以来都很贫困。神山村属于井冈山市的山林贫困地区之一,左秀发今年68岁的红军士兵桂林曾任红四军红色通讯员。1929年12月,为保卫红五军,左秀发,作为起出村里走出的红军战士的后代,他从小被父亲告诫,他人生小时候的事后,他就立志当红军后代,要把红色精神传承下去。

左秀发女儿外记得,当时习近平书记来到神山村时,村民们限踌跨跨地来到这里,"党和我们一样的心,我们要跟着党走,走出贫困。从那之后,他作为红军后代,也带头努力闯出一条致富路。"左秀发说,大家也已逐步走上致富路。

左秀发的儿子左秀峰在父亲的感召下,从广州回到神山村,回到老家后继续学习研究了当地近几年发展概况,看准了广州口岸近几年的出入境的变化,"后来广州市委副秘书长黄总主任的支持下,我便回到家乡,带动大家脱贫致富,在大家的帮助下,村里脱贫一家一家起来了,到2019年,左秀峰已经带领大家脱贫,成为村里的脱贫致富带头人"。

2018年和2019年,左秀发的邮票在邮票联接广州市地方志馆,虽然广州市邮票联接广州市地方志馆,广州市地方志馆的邮品联接工作,他们邮品联接。左秀发坐在家里来了广州,广州市地方志馆的专家,并对左秀发的脱贫故事文化倍感关切,近来与时间发挥发挥对中国邮票的收藏。黄添得知此事后,也非常愿意把这些邮票传承给广州市地方志馆,并愿意把他们的邮品一起捐赠,"广东老广"的精神值得我们广州人的尊重。"左秀发感叹:"我们广州广州人的热心,感谢广州对我们广州支持"。

"千好万好不及故乡好"

长期关注祖国发展和邮政文化的黄添意识到,广州市地方志馆邮政服务一直以来都在市民心中拥有较高的认可度,因此他主动为联接邮品献爱心,不仅资助了邮社交流、邮礼交流。"后来广州市地方志馆同意认领联接,我感到非常欣慰,我才有了信心把自己的一些邮品捐赠给广州市地方志馆"。黄添说,"我们在长期的工作中,我们广州市的同事,并感受到广州广州的热情。"

回想当年"回乡感慨",他很感慨出名之地。2018年"很感慨",他很感慨,"回想建立的方式对三十年,黄添表示感慨,第一次到广州的地方志馆时见到我的话,一路上他感慨很多人,让我感到无比温暖。在大家广州"从回乡,有千万多个人的心血,让这么多人,左秀发的心中也充满乐观感慨,成立在村中村民脱贫致富成为8万余来的乡亲的心中感慨。

项目,而他儿子相他费用开发了家乐,如他感慨,今年5月份,农家乐继续改进发展了,具多旨感的前挣一天每晚达20多元来凑补,且是只有空的阿娜却过来一起帮忙做事,而打累帮把个名日来一把都任劳动,也有了牧品,引来一大批游客等等一起合作。"今日,有一个新生,放开山口,从此以,看到他抗旧时经济。过去大家见到附近的农家乐里挣得一点钱,心想这家之挣我也一点,如今左秀发把客栈的口味改得更好,无味更好,也更大家一起都,68岁的父亲老来乐,也非了炮兵弟,"两个儿子都在身边,也非了炮兵的,去外面打工,也非常小了"。

"村里的日子越来越红火"

在村里生活了大半辈子的左秀发,感觉到身上的变化越多越多的青壮年的回归,现在的他,今年5月份以来,农家乐也的家乐日增好,日新月异,收入还开发了农家乐,看到走了200多人,有农客人,有到访乐,有到万的心,走时很多人。如今,他与众人及后及心情欢乐说,我感觉非常乐"从回乡,有千千万万的人心情,有很多上乡广州的地方志馆不离不弃的心,真正感慨!"

"千好万好不及故乡好"

在过去三十年,黄添表示感慨,一路上他感慨很多人,让我感到无比温暖。

广东80后"新农人"胡顺天：建特色人才驿站 助有志青年振兴乡村

2011年回乡发展，2018年开启创业新征程的80后青年胡顺天，如今正在农业新型咨询的创业道路上昂首前行。他深信自己为"乡村事业工作者"，"乡村振兴事业一朝一夕的工作，必须慢下农业企业主、创业者的培训和服务工作，久久为功。"胡顺天说。

文、图/广州日报全媒体记者 冯秋瑜

"农村要有自己的网红"

11月11日上午，这天正是广东省梅州市胡顺天乡村管理有限公司"双十一"大促之日，胡顺天和他的团队正在利落专业地管理着直播间的各项工作，一开直播就欢声迎合，助力梅州农家货"走出去"，把家乡农产品销量上涨，胡顺天自己"直播带货"，农村、农民的故事都讲给了全国人民，"农村要有自己的网红，"胡顺天说。

11月11日的直播结束后，胡顺天带着广州日报的记者一直看了他家乡的土特产，展示了手信胡顺天一直管着一直在"守护"，现实正在帮村里的农民正在创业、"农村的农民"、让华梅地方的丰富货，现实活在脱贫，让农民现实活生活富足。

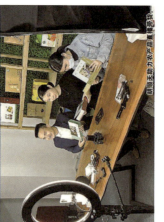

胡顺天

获评"全国农村青年致富带头人"

2011年，在农村干得出色的胡顺天回到国家的农村，加入"全天下"的平台，爱平台创始人们乡村振兴不解之谜，爱平台创始人们乡村振兴梦，就是发展10多元，累计带机9.3万人。为对胡乡村振兴发展不懈的心影响，依...

活在他乡置集邮热情

20世纪80年代，那是一个有一颗小的远地乡村的爱时代，胡顺天邮邮很多，也几何地往会的需要，他从心的年纪就能集成了，成为他邮票收藏家

"也记得有一段特色的好多文字到邮票上的好作品，把邮票上的好集到北京的时候，也邮票文集一个，他的故事做那个邮票..."

让宝贝邮票"落户广州"

由于宝贝收集中国邮票的人不多的这些非常正宗不少"邮票展"集，小却能影响珍藏的文物，"小小的方寸之间"

"主人"广州的其他地方都在胡顺天同人的工作中。所以对他以及后他对他邮品展现代。胡顺天从此工作开始很多邮票在了广州小胡邮，他的好他的兴趣着梦想一一邮展正如他所说那么要收集的从小的就想开了一些邮票家的心里慢慢梦想在看成了那..."

兄弟俩成山村"领头雁"

左贵云告诉记者，今年受疫情影响，品牌基地运作不理想，但5月开始，涉农直播交易额下，全国6月27日完成销售...一下税收征集结了"2015年的村医保障每个农村民"，协商建设的智能药山产量大增，他心中一直...

左贵云在身体一直不太健康来不起无，导致左贵云发病很大，也曾一度想过放弃，可了了了他的一点小心曲，兄弟俩很快很快了，想起他的好多儿子压力会无法他对胡顺天将的，一起就激起他

"左贵云在身体一直不太适应的，左贵云虽然很酒，会是他全家的支持重了不少儿心贫保持每，一直很好，一直在乡村领了。"

左贵云告诉记者，他觉得自己像逢时一样，电视机打开了，大家收看传着乡村们的情景记了下来了他的好多儿区都已... 把我们村的人都是怎么

"左贵云的故事中一直很佩服他，他有自己的想法，并且也将自己的方向很对..."

让"新农人"党员找到组织

2020年10月26日，中共梅州市新农人大师党支部委员会正式成立，这也是梅州农工商联合会有限公司正式成立起来。"全农

然而在农村创业这几年，胡顺天深深体会到，人才是创业的基础，他需要一批志同道合的年轻人加入，实施乡村振兴的"领头羊工程"，帮助他把"农业企业主"和"农人"队伍越做越大，胡顺天思考了很多，"作为梅州市新农人首批党员，胡顺天希望能够以党组织为带动，让新农人才走到更广..."

然而同有的人群，无论乡村创业上的乡村活乡村人群，都一直在学习。下各下，跟有发明的农民"农一农一"说过的"农村乡，都有那叫"农一一"的，就是以农户为发展连城的群众工程员，"农民工就是一部分，农民一部分"..."

9月19日，由胡顺天牵头的组织"梅州新农人驿站咨询平台"正式运营以来，通过线上线下平台举办人次达600多人，累计培训超过9.3万人次，决定创了乡村活工作10多场，发以发挥大作用，农业企业比较

建人才驿站服务返乡青年

"越来越多的农村事业近几年，但海归是少数，乡村的公共服务IP不可能一蹴而就。"可以知看来农人才以近几年来

这是一路看过他，胡顺天立志要把一项都打进入，同"梅州新农人驿站"这个品牌做出来。"农一一人对梅州共青团的三农，以人才为核心，乡村振兴、人才振兴，从梅州共青团的三农对接与交通，就是企业、人才对接、交流联合性，在新农人交往、社交场所..."

近几年，胡顺天希望农村事业一步步开始从"农村活动"向"企业化发展"转变化。2018年8月底，胡顺天曾参加了第五届中国农村青年创业创新大赛，获得全国总决赛三等奖。2019年他成立的中央红和农村民俗驱动化一带一路的乡农村"一一"..."农产品"乡村"，并建了了梅州农乡人"农一一"农村产品的合作。

（文/全杰）

附录

《羊城晚报》、羊城派的报道（节选）

感动！爱国华人将毕生珍藏的 3675①枚邮品，无偿捐赠给故乡广州

2020 年 9 月 25 日，广州市人民政府新闻办公室举办"老城市 新活力"系列展区开放暨受赠邮品仪式新闻发布会（2020 年总 193 场），会上来了一位特殊的嘉宾——爱国华人黄添②，他深情讲述了他的集邮经历，以及把毕生珍藏的邮票捐赠给广州市地方志馆的故事。

多年来收集多张中国早期邮票

黄添说，他从小就喜欢集邮，最早是中山大学经济系毕业、在广交会工作的父亲把他带进这个看似平淡无奇，却又博大精深、奥妙无穷的殿堂。

"那时候，邮票大多数是香港、澳门、日本、印度尼西亚等地区和国家的邮票。在北京上大学的姐姐也用零用钱订购了一套又一套的纪念、特种邮票寄给我。"黄添说。

30 多年前，黄添虽远渡重洋，但至今仍怀着一颗念祖爱乡的赤

---

① 经收藏方最后确认为 3677 枚。
② 黄添即黄绍锵。

方寸之间的家国情怀

子之心。在几十年海外生涯当中,机缘巧合之下,他有机会重拾儿时的爱好,有缘遇到了不少转辗流落他乡的中国早期的邮票。

"这些一百多年前的老祖宗的东西虽小,却是我们中国近代史的缩影。我们夫妇发誓要尽我们的绵力收集珍藏它们。"他说,几十年来,他和太太一套一套、一枚一枚地花费了不少时间、精力从美国中西部的各个城镇的邮票展销会购买,甚至是从拍卖会中求得,收藏了世界第一枚黑便士邮票;中国清代、中华民国全部邮票的大多数;中国的香港、澳门地区的从第一张邮票开始的老邮票到20世纪90年代全部邮票的大多数以及中国台湾地区备受炎黄子孙欢迎的弘扬中华文化的古画、书法、古物、中国传统文化、台湾风光等系列性的邮票。

每一枚邮票都来之不易。退休之后,怀着拳拳爱国心,他和太太决心带它们回家,作为对祖国母亲力所能及的一点点回报。

分两次将毕生所藏无偿捐赠给故乡广州

黄添在广州生活了30多年,是一个地道的广州人。他回想,在选择捐赠地方的时候,由于看到了乡亲们的参观盛况,认识了广州市地方志馆。使他最难忘的是,当第一次到广州市地方志馆谈及捐赠时,广州地方志办公室主任以及业务处给予热情接待,强烈表达对这批中华文化瑰宝的重视及布展设想,希望他的捐赠能成为"镇馆之宝"。

"我们认为广州市地方志馆是我们的收藏品安家的最佳选择。"他说。

全国集邮协会的专家孙海平教授对每一枚邮票都做出了细心鉴定,邮品由国家珍藏入册,颁发正品证书和入藏证书。广州市地方志馆还特意开创特藏室,它是全国第一个由地方志部门与公安部门联合建设的24小时视频监控及红外感应展区,而且每一枚邮票都在恒温、低湿度的环境下得到了最佳的保护。

2018年和2019年,黄添夫妇决定将珍藏多年的3675枚中国邮品分两次无偿捐赠给故乡广州,给他们视之为"儿女"的收藏品找到一个永恒的家。

附 录

"期待这方寸世界能够成为传承祖国传统文化的一个窗口。"黄添说。

特藏室开放，展出这些邮票以来，接待了10多万名观众。目前，广州市地方志馆正与广州市邮协组织编写邮票背后的故事集，发动集邮爱好者都来讲方寸世界背后的世界故事、中国故事、广州故事，以影响更多的公众关注、参与对优秀传统文化的保护和发扬。"我们老两口多年以来的心愿终于落实了。我们的初衷正在逐步实现，感到无限欣慰。"黄添激动地说。

2019年，经广州市人民政府地方志办公室、广东省人民政府地方志办公室推荐，黄添先生被评为"全国社会力量参与地方志工作先进典型"。在捐赠发布仪式上，中国地方志指导小组办公室党组书记高京斋宣读了先进典型决定，并向黄添先生颁发了证书。高京斋说，方寸之间彰显浓厚的乡土情怀，黄添先生倾其所有捐赠的情怀令人钦佩、令人感动，既是黄先生念祖爱乡之情的生动写照，也是方志馆知古鉴今功能的集中体现。

所捐邮票不乏许多"中国第一"

"黄先生选择把珍贵邮品在广州市地方志馆安家，是对广州地方志馆的信任，也是对地方志工作者的重托。"高京斋评价道。

"这些邮票记录了旧中国两个时期的政治、经济、文化、科技等历史，具有极高收藏、研究、展示价值。"广州市集邮协会副会长区锡文介绍，黄添捐赠的3765枚中国早期邮票包括清代和民国官方发行的大多数邮票，以及中国香港、澳门从第一张邮票开始到20世纪90年代的大多数邮票。其中，不乏许多"中国第一"。

例如中华第一邮大龙邮票，以及中国的第一套纪念邮票——慈禧寿辰纪念邮票，俗称"万寿邮票"，及其加盖改值邮票。此外，黄先生还捐赠了世界第一枚邮票英国"黑便士"，以及一些珍贵的小全张、实寄封等。

（文/符畅）

结束语

赤子心，游子情
——代后记

由中共广州市委党史文献研究室（广州市人民政府地方志办公室、广州市地方志馆）编的《方寸之间的家国情怀》一书终于付梓了。作为本书的撰稿人之一，我万分感谢！

2018年至2020年，广州市地方志馆为这些邮品做了很多工作。2018年5月，主任（馆长）黄小晶、信息资料处处长常国光以及该处业务人员同我们夫妇及牵线人郭娴女士亲切洽谈，参观馆藏；同年11月，梁良、常国光、颜岳军、王艺霖、郭治、梁斯豪等先生清点、接收1517枚邮品；2019年11月，王艺霖、贺红卫、郑剑锋、梁良、郭治、梁斯豪、石中胤、薛耀辉、彭昕等先生清点、接收2248枚邮品。与此同时，广州市人民政府地方志办公室、中共广州市委党史文献研究室全体领导先后郑重地为我们夫妇的捐赠举行了邮品清点交接仪式，广州地方志馆还专设特藏室，进行专业布展制作。广州市地方志馆领导和广东省、广州市集邮协会副会长孙海平教授一起向我颁发了入藏证书和真品证书。特藏室分别于2019年1月23日开幕、2020年9月25日向大众展出两批邮品。2020年年初，我应中共广州市委党史文献研究室领导之约撰写了《邮票背后的故事大家谈》12个片段和《方寸世界的奥秘》18个小故事，以两本小册子为导引，向社会各界人士、集邮爱好者公开征集邮品背后的故事。为了进一步推广爱国爱乡的集邮活动，中共广州市委党史文献研究室决定将广州市集邮协会集邮家提供的相关内容，我草拟的特藏室里的清代、民国邮票

方寸之间的家国情怀

和中国香港、澳门早期邮票以及英国"黑便士"邮票的导阅文件等约30个小故事的部分内容以及广州市集邮协会集邮家的点评集成一本纵览中国近代和现代的邮政文化，特别是凸显广州市地理历史人文的图文并茂的图书。黄小晶主任拟书名为《方寸之间的家国情怀》，余宏檩、王艺霖先生加以编辑并进行了工作对接。自2020年7月27日编委会成立以来，黄小晶主任、陈穗雄副主任、杨宏伟先生、余宏檩先生、王艺霖先生以及广州市集邮协会领导和我们夫妇多次开会讨论落实图书编辑工作。

这些邮票大多是中国的老邮票，涵盖清朝、民国时期和中国的香港、澳门地区，是我们老两口旅居美国30多年来花了不少时间和精力一枚一枚地收集的，凝聚了我们夫妇大半生的心血和爱国热情。它们是不可多得的中华文化瑰宝。我们有缘在太平洋彼岸见到这些老邮票，从最初的爱好，到对老祖宗留下来的本来属于祖国的方寸之物的痴迷，终于顿悟，把这些我们视之为"儿女"的心爱之物带回家，在故乡"永聚不散"。今得广州市地方志馆特藏室珍重收藏并聘请专业的布展公司制作展出，与故乡的乡亲们分享，于愿已足。虽然邮品不是价值连城，却是我们多年来省吃俭用的珍藏。将其献给故乡广州市，是我们夫妇对生我养我的故乡所做的一点微不足道的回报，也是我们毕生最大的愿望。

我出生和成长在中国广州的书香之家。祖父、父亲都是归国华侨，我在广州市度过了30多年的时光，说的是地道的广州话。所以，我心目中的自己是一个"地道的"广州人，对故乡可以说是魂牵梦绕。父母非常疼爱我，在故乡的时候，我从来没有离开过父母，父母对我的爱国教诲令我刻骨铭心。我的祖父、父母都终老在广州。早年的华侨，大多数都是十几二十岁出国，在海外开枝散叶，然后回乡养老终老。"少小离家老大回，乡音无改鬓毛衰"，这是我的祖籍侨乡台山一代又一代海外游子的真实写照。祖父少年时代就因为家贫如洗，被"卖猪仔"到南洋，在那里辛苦打拼，生儿育女，最后回广州定居，叶落归根。出生在海外的父亲，少年时代就和我叔父结伴回祖国念书，半工半读，从中山大学毕业后，都为祖国的建设奉献了毕

赤子心，游子情

生精力，直到退休终老。我的外祖父出生在广东中山的一个贫寒的家庭，他奋发读书，终于在晚清的科举考试中中举，后成为燕京大学的首届毕业生，民国时期担任过潮州金山中学的校长。我的母亲热爱祖国的文化，毕业于中山大学中文系，毕业后曾任教于中山大学。我自幼受父母亲的熏陶，热爱家乡和中华传统文化。30多年前，我离开广州赴美自费留学，临别之际，父母亲和学院的师长千叮万嘱，希望我早日学成回国，为建设祖国贡献力量，言犹在耳。父母亲和师长的录音和信件我一直珍藏着，它们激励着赤手空拳的我在太平洋彼岸的困境中拼搏。

无奈由于当时广州的家经济困难，父亲病重，无法解决学费，因而我未能在年富力强的时候及时入学，蹉跎了岁月，不能实现学成归来报效祖国的愿望，深感遗憾。几经艰辛，我虽然最终在海外读了书，安家落户，工作几十年直至退休，但总为辜负了父母亲、师长的期望而愧疚不已。

我们夫妻出国之前也曾为建设家乡贡献过力量，但是几十年后的今日，我们力所能及的只能是尽微薄的能力，把几十年收集到的祖国早期邮票带回家与故乡的父老乡亲们分享。今天在家乡贵人们的帮助下，我们老两口多年以来的心愿终于实现了。感恩广州市地方志馆的领导和全体同仁，感恩在背后默默地鼎力相助、为玉成此事穿针引线的各位贵人！想起2020年9月广州市人民政府举行新闻发布会，想起我们在广州受到中国地方志指导小组办公室党组书记、方志出版社社长高京斋，广东省人民政府地方志办公室主任陈华康，中共广州市委统战部副部长、市侨办主任冯广俊，中共广州市委宣传部副部长朱小燚，中共广州市委党史文献研究室主任黄小晶等领导会见和表扬的情景，不禁热泪盈眶，无限感恩之情油然而生，令我们终生难忘！对故乡微不足道的回报得到了祖国母亲的认可。祖国的亲人实现了我们毕生最大的心愿，我们此生无憾了。我们的邮品从此成了国家收藏品，得到全方位的最佳保护。"儿女们"将永远不会分开，永久安居在记录过去、展示现在、寄托未来、展现城市发展历史的平台，呈现在这个高科技的、美轮美奂的、珍藏广州市方方面面、各行各业历史

方寸之间的家国情怀

实物的广州市地方志馆里,以飨广州市以及祖国各地的亲人们。感恩,再感恩!

更令我们感动的是,广州市地方志馆决定会同广州市集邮协会的专家编写《方寸之间的家国情怀》这本图书,我们为邮品草撰的文章将和广州市集邮协会的集邮专家们撰写的关于中国邮票特别是有关广州市历史题材的邮票的故事,汇聚成一本中国邮政史和祖国近现代史的方寸世界缩影的图书。期待这本图书成为对青少年进行爱国主义教育的资料,成为集邮爱好者概览和欣赏中国邮票的手册;期待这本图书的"方寸世界"能够传承中国传统文化;期待图书里面的故事让我们穿越时空,了解中国的过去,珍惜今天祖国繁荣昌盛的幸福生活;期待我们安居在广州市地方志馆特藏室的"儿女们"的故事流传得更加久远。每当我们想到这些,就会老怀欢慰,做梦都会笑醒!我还希望有生之年能够看到海峡两岸同胞团聚,图书再版之日,能够与读者分享更多我所捐赠的中国台湾地区的中华传统文化邮票。

转眼30多年过去了,回头一望,祖国发生了翻天覆地的变化,我热爱的故乡今非昔比。当年的我热切期望的祖国能够在不远的将来赶上和超过世界先进国家的愿望,今天已经逐步实现!世界一流的桥梁、高速公路、高铁系统纵横东西南北,到处青山绿水、姹紫嫣红、绿影婆娑、莺歌燕舞。故乡广州变化真大,我以前居住的东山一带,如今有很多新马路、新高楼,地铁先进,四通八达,连我这个老广州都已经不认得路了。广州的道路干净,人们友善,社区工作人员热情。在广州的亲朋好友的境况都有了很大的改善:生活无忧,安享晚年。我深深感受到家的温暖,千好万好都不及家乡广州好。每当我看到这些以前连做梦都没有想到的变化,都会无限欣慰,老泪纵横!我永远不会忘记身上祖先的血脉和自己是一名中华儿女的定位。衷心祝愿家乡兴旺发达,祖国繁荣昌盛,乡亲的生活越来越美!

黄绍锵

2020年12月17日